江西高质量发展研究中心智库项目

江西 2024–2025 高质量发展智库报告

THINK TANK REPORT ON JIANGXI'S HIGH-QUALITY DEVELOPMENT（2024-2025）

彭小平　徐伟民 ◎ 主编

经济管理出版社
ECONOMY & MANAGEMENT PUBLISHING HOUSE

图书在版编目（CIP）数据

江西高质量发展智库报告. 2024-2025 / 彭小平，徐伟民主编. -- 北京 ： 经济管理出版社，2025. -- ISBN 978-7-5243-0243-8

Ⅰ. F127.56

中国国家版本馆 CIP 数据核字第 20256RV327 号

组稿编辑：杜　菲
责任编辑：杜　菲
责任印制：张莉琼
责任校对：蔡晓臻

出版发行：经济管理出版社
（北京市海淀区北蜂窝 8 号中雅大厦 A 座 11 层　100038）
网　　址：www. E-mp. com. cn
电　　话：（010）51915602
印　　刷：唐山玺诚印务有限公司
经　　销：新华书店
开　　本：787mm×1092mm/16
印　　张：11. 25
字　　数：247 千字
版　　次：2025 年 4 月第 1 版　　2025 年 4 月第 1 次印刷
书　　号：ISBN 978-7-5243-0243-8
定　　价：98. 00 元

编　委　会

前　言

高质量发展关系我国社会主义现代化建设全局，必须把坚持高质量发展作为新时代的硬道理，以高质量发展推进中国式现代化。同时，高质量发展需要新的生产力理论来指导，而新质生产力已经在实践中形成，并展现出对高质量发展的强劲推动力、支撑力。因此，加快推动因地制宜发展新质生产力势在必行。

党的十八大以来，习近平总书记先后三次亲临江西考察，为江西发展把脉定向、指路引航。他强调，江西要“解放思想、开拓进取，扬长补短、固本兴新，努力在加快革命老区高质量发展上走在前、在推动中部地区崛起上勇争先、在推进长江经济带发展上善作为，奋力谱写中国式现代化江西篇章”。全省上下牢记嘱托、砥砺奋进，坚决贯彻“三新一高”战略导向，聚焦“走在前、勇争先、善作为”的目标要求，加快打造“三大高地”、深入实施“五大战略”，坚定不移推动高质量发展，新质生产力蓬勃兴起。

江西高质量发展研究中心坚持以习近平新时代中国特色社会主义思想为指导，深入学习贯彻党的二十届三中全会精神和习近平总书记考察江西重要讲话精神，深学笃行习近平经济思想，聚焦全省发展改革中心工作，围绕打造一流新型智库的目标使命，扎实履行智库参谋职责，密切结合省情省况，精心策划研究选题，围绕因地制宜发展新质生产力等重点领域深入开展调查研究，积极为全省高质量发展建言献策。近期，江西高质量发展研究中心陆续形成了一批高质量研究成果，现予结集出版，供广大读者学习参考。

最后，诚挚感谢在调查研究过程中给予关心支持的单位和有关领导、同志，并敬请广大读者对本书中的不足之处提出宝贵意见。

目 录

专题一 构建现代化产业体系

坚持数智化与绿色化协同发展 努力构建体现江西特色和优势的现代化产业体系 …… 003
突出“四大融合” 做实做强做优做大江西实体经济 …… 010
在新的起点推动江西石化化工产业高质量发展研究报告 …… 016
加快推进江西制造业大规模设备更新的对策建议 …… 023
南昌“流量”变“留量”、“创红”到“长红”对策研究 …… 029
让职业教育技工教育“有学头、有盼头、有奔头”的对策研究 …… 038
深入推进以县城为重要载体的新型城镇化 实施江西“强县域”战略研究 …… 043
江西加快建设高能级综合保税区的对策建议 …… 053

专题二 因地制宜发展新质生产力

江西因地制宜发展新质生产力的对策思路 …… 061
以更高水平“四链融合”推动新质生产力发展 …… 066
聚焦未来产业发展重点 加快江西新质生产力布局 …… 075
做优做强江西数字经济的对策 …… 085
抢抓虚拟现实“双周期”机遇 加快繁荣内容制作生态 …… 097
江西发展低空经济的战略思考和对策建议 …… 103
加快落实政府和社会资本合作（PPP）新机制对策研究 …… 112

专题三　推动全面绿色转型

江西加快打造国家生态文明建设高地研究 …… 121
江西在推进长江经济带发展上善作为的对策研究 …… 126
生态补偿地方立法的完善对策——以江西省为例 …… 132
江西省市场化多元化生态保护补偿激励机制研究 …… 140
江西省废旧物资循环利用体系城市和“无废城市”建设试点调研报告 …… 150
城镇低值废弃物资源化回收利用对策建议 …… 159
江西省农业面源污染防治相关对策分析 …… 166

专题一

构建现代化产业体系

坚持数智化与绿色化协同发展
努力构建体现江西特色和
优势的现代化产业体系

习近平总书记强调，必须加快构建具有智能化、绿色化、融合化特征和符合完整性、先进性、安全性要求的现代化产业体系。2023 年 10 月，习近平总书记在江西考察时强调，要找准定位、明确方向，整合资源、精准发力，加快传统产业改造升级，加快战略性新兴产业发展壮大，积极部署未来产业，努力构建体现江西特色和优势的现代化产业体系。坚持数智化与绿色化协同发展，把比较优势转变为发展胜势，既是构建体现江西特色和优势的现代化产业体系的关键，又是江西经济高质量发展的有效路径。为此，课题组经过深入调研，形成报告如下。

一、江西优势产业数智化与绿色化协同发展的现状

江西是工业主导型省份，2022 年规模以上工业增加值增速、工业营业收入和利润总额分别居全国第 7 位、第 11 位和第 10 位。同时，江西拥有全部 41 个工业大类行业中的 38 个，2023 年上半年，38 个大类行业中有 16 个行业增加值实现增长，增长面为 42. 1%。

（一）战略性新兴产业发挥引领优势，梯度规模效应正初步形成

2022 年，战略性新兴产业增加值增长 20. 6%，占规模以上工业比重提高至 27. 1%，同比提高 3. 9 个百分点（见图 1）；2023 年上半年，战略性新兴产业增加值增长 7. 6%，占规模以上工业增加值比重提高至 26. 3%，同比提高 1. 2 个百分点。战略性新兴产业初步形成“1+2+N”的梯度发展格局。

“1”即电子信息产业实现万亿元新突破。2022 年，全省电子信息制造业完成营业收入首破万亿元大关，达 10112. 2 亿元，同比增长 32. 2%，实现利润 900. 7 亿元，营业

收入和利润排名跃居全国第四、稳居中部第一。在细分产业，已形成电子元器件、智能终端等多条赛道竞相辉映的协调发展格局。

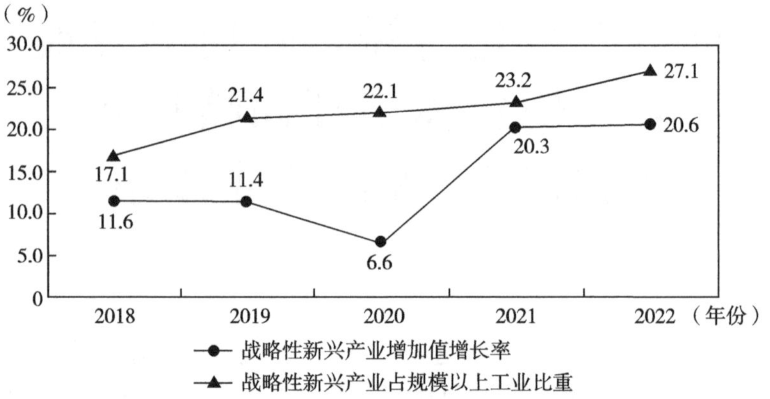

图 1　2018~2022 年江西战略性新兴产业发展情况

“2”即装备制造业、新能源产业构建快速发展新格局。2022 年，装备制造业营业收入在 7200 亿元左右，同比增长 17. 3%，增速高于全省平均水平 10. 2 个百分点。2023 年上半年，装备制造业增加值增长 6. 1%。2022 年，新能源产业营业收入突破 4000 亿元，产业投资增长 30. 3%。2023 年上半年，新能源产业增加值增长 24. 3%，高于全省平均 18. 3 个百分点。

“N”即航空、物联网、VR（虚拟现实）等潜力产业形成先进制造新优势。2022 年，航空企业实现总收入 1604. 56 亿元，同比增长 13. 5%，利润 100. 2 亿元，同比增长 5. 7%。全省物联网及关联产业主营业务收入从 2018 年的 500 亿元增至 2022 年的 1900 亿元。全省 VR 及相关企业营业收入由 2018 年的 42 亿元快速增至 2022 年的 812 亿元，四年“长大”了 19 倍。

（二）传统产业具备比较优势，升级升链行动正加速推进

近年来，江西以高端化、智能化、绿色化、服务化、平台化为导向，加快新技术、新工艺、新设备、新材料、新模式在传统产业中的转化应用（见图 2）。

有色金属产业体系逐步完善。江西以铜、钨、稀土等为重点，以高端应用、终端产品为主攻方向，形成了采选、分离、冶炼、加工和地质勘查等比较完整的工业体系。2022 年，全省有色产业规模以上企业营业收入 8217. 26 亿元，同比增长 12. 74%；利润总额 509. 88 亿元，同比增长 28. 02%。

石化产业集聚水平不断提高。赤霉素原药的国内市场占有率在 80%以上，产能居全球第一；有机硅单体的国内市场占有率在 25%以上，产能居亚洲第一；炭黑、汽油抗爆剂、AC 发泡剂的国内市场占有率均在 20%以上，产能居全国第一。2022 年，石化产业主营业务收入达 4167. 98 亿元。

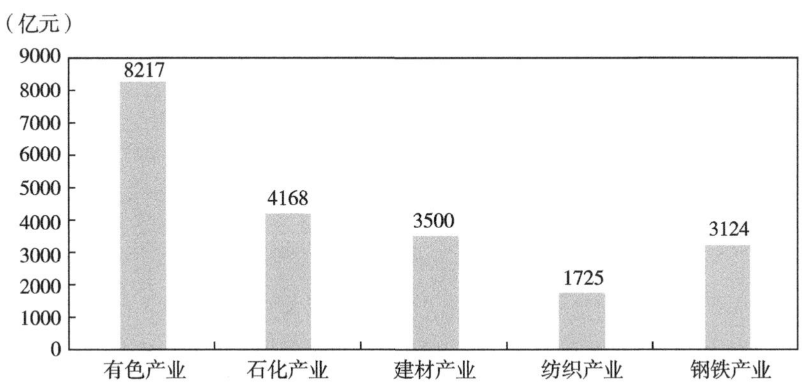

图 2　2022 年江西主要传统产业营业收入

建材产业绿色、高端、多元发展。积极推广应用新型建材产品、绿色建材产品和相关先进技术。水泥、建筑陶瓷等产业的集中度处于全国前列，玻璃纤维、建筑陶瓷等产量位居全国第一方阵。2022 年，建材产业营业收入 3500 亿元。

纺织服装产业加强转型升级力度。重点打造共青城羽绒服装、濂溪纤维素纤维等产业集群，做强羽绒、针织、女性服饰、童装等服装产业。2022 年，全行业实现营业收入 1725 亿元，同比下降 12.1%；实际出口 65.4 亿美元，同比增长 15.8%，创历史新高。

钢铁产业形成“246”发展格局。“246”即新余钢铁、方大钢铁两大钢铁集团，九江沿江钢铁、新余钢铁及钢铁加工、进贤钢结构、萍乡粉末冶金 4 个产业基地，建筑用钢、船舶及海洋工程用钢、输变电电机用钢、汽车用钢、家电用钢、金属制品六大产品系列。2022 年，全省粗钢产量 2689.93 万吨，居全国第 14 位，实现主营业务收入 3124.34 亿元。

（三）数字经济初具先发优势，深耕重点赛道带动整体跃升

2022 年，全省数字经济增加值达 1.19 万亿元，同比增长 14.4%，增速位居全国第二；数字经济增加值占 GDP 比重为 37%，较 2021 年提高 2 个百分点。

深耕数字产业赛道。确定专业芯片、工业互联网等 20 条数字产业主攻赛道，专业芯片、物联网赛道营业收入分别增长 160.4%、14.0%。2022 年全省规模以上服务业数字经济核心产业营业收入 1055.31 亿元，同比增长 9%。

加快推进数实融合。深入推进“上云用数赋智”，促进第一、第二、第三产业全方位、全链条转型升级。2022 年全省两化融合发展指数达 78.3，同比提高 28.2（见图 3）；智能制造成熟度水平达 2.49，同比提高 0.02。

数字经济基础设施加快推进。2022 年江西新开通基站 27813 个、累计开通基站 88529 个，5G 网络实现“乡乡通”。新增赣州、吉安、鹰潭、宜春、抚州、萍乡 6 市入

选全国第二批千兆城市，两批共9个城市达到千兆城市建设标准，数量居全国第四位、中部第一位。

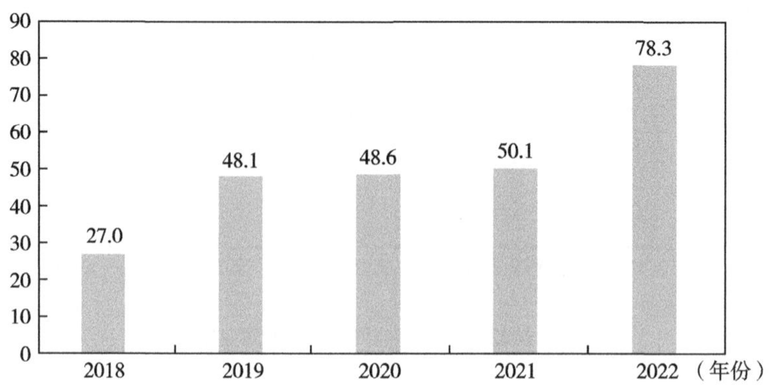

图3 2018~2022年江西两化融合发展指数

二、江西优势产业数智化与绿色化协同发展的短板弱项

（一）产业集中于价值链中低端造成整体竞争力不强

江西制造业的总体规模虽然在不断扩大，但仍然存在大而不强的问题。一是“低端锁定”亟待破局。当前，大部分产品仍处于全球价值链中低端，导致江西制造业难以在全球市场中占据有利地位。二是“传统格局”亟待转型。产业总体实力不强、层次不高、发展不充分，技术结构和产品结构多以初加工和简单组装技术及中低端和低附加值产品为主。三是“四多四少”亟待解决。存在传统产业多、新兴产业少，低端产业多、高端产业少，资源型产业多、高附加值产业少，劳动密集型产业多、资本科技型产业少等问题。

（二）缺乏关键核心技术制约构建新的产业发展格局

以江西有色金属产业为例，虽占全国行业比重11%，排名第一，但仍然存在一些亟待解决的问题。一是制造装备水平参差不齐。江铜集团的铜矿采选、冶炼等处于世界先进水平，但其他中小型铜加工企业等技术装备水平处于行业中低端甚至落后水平。二是两化融合程度不高。九江通过两化融合专项资金和树立标杆示范引导企业，而其他设区市还有待提升。三是生产性服务业薄弱。有色金属公共数据库、交易中心等电商服务平台和金融服务业发展较慢。

（三）要素驱动转变困难加剧产业链价值链不确定性

创新驱动能力不足、高质量人才相对缺乏等因素制约当前江西省制造业高质量发展。例如，中医药制造业在要素驱动和产业链方面还存在不少困难。一是中医药龙头企业不多。虽然济民可信、青峰药业等在我国中医药产业占据一席之地，但与国内领先、世界知名企业相比，仍存在一定差距。二是中医药科技研发不足。近年来，R&D经费投入强度仅为1.8%左右，知识产权保护不到位、产业发展水平较低。三是高质量中医药人才缺乏。医药制造业在人才培养方面存在较大的“瓶颈”，存在引进难、留住更难的问题。

三、江西优势产业数智化与绿色化协同发展的对策建议

借鉴上海、广东、江苏、浙江等国内发达省份优势产业数智化与绿色化协同发展成功经验，针对优势产业数智化与绿色化协同发展的短板弱项，课题组建议：全面落实习近平总书记考察江西重要讲话精神，坚持抢位发展和错位发展有机结合，立足资源特色，发挥禀赋优势，以数智化引领绿色化，以绿色化带动数智化，努力构建体现江西特色和优势的现代化产业体系。

（一）战略性新兴产业主攻产业集群主体作用，加快数智技术赋能

一是发展先进制造业集群。始终把制造业高质量发展作为主攻方向，打造电子信息、铜基新材料、航空、锂电和光伏新能源、钨和稀土金属新材料等先进制造业集群。二是打造创新型产业集群。推进产业集群提能升级计划，加快实施产业基础再造、重大技术装备攻关等工程。争取井冈山经开区电子信息、景德镇高新区直升机、鹰潭高新区移动物联网等更多产业集群入选国家级创新型序列。三是强化产业集群与投资机构合作。加快基金方案的设计，将各家机构各自擅长的投资领域和江西重点产业相结合，充分发挥“江西省现代产业引导基金”撬动作用，加快新旧动能转换支持新能源、航空航天、中医药等产业集群发展。

（二）传统产业主攻行业耦合发展体系，促进数智绿色融合

一是加快传统产业数字化转型。积极推进“5G+工业互联网平台”建设，推广规模以上企业数字化转型普查问诊，统筹实施“上云、用数、赋智”行动，引导传统企

业“上云上平台”。二是打造绿色低碳循环的传统产业发展体系。支持鹰潭、丰城等地大力发展循环经济，加大资源综合利用、先进适用、技术推广应用力度，提升铜、建材、锂电等重点领域循环利用水平。三是以智能化牵引产业耦合发展。大力发展服务型制造，打造一批面向传统行业集群的两业融合发展服务平台，鼓励传统制造业企业大力发展网络化协同制造、个性化定制、服务型制造。

（三）数字经济主攻跨界融合新增长点，激发数据要素动能潜力

一是打造数字经济应用场景。重点聚焦“VR+”“5G+”“区块链+”等模式，培育一批应用场景示范区，打造一批场景应用实验室，遴选一批应用试点项目，争取形成更多可复制、可推广的制造业数字化转型应用场景。二是更好地发挥数据要素作用。支持市场主体依法合规开展数据采集，大力推进上饶、抚州、宜春等地大数据产业园和示范基地建设，在数据确权、流通交易、准入监管等方面开展探索，建立健全有江西特色的数据基础制度和数据发展路径。三是做强数字经济产业赛道。加快推动数字经济与实体经济深度融合，重点聚焦全省 20 条数字经济主攻赛道，培育壮大 VR、移动物联网、大数据及云计算等先发优势赛道，巩固提升人工智能、5G、北斗、区块链等前沿新兴产业，推动电子元器件、半导体照明、智能终端等细分赛道加快发展。

（四）优化产业链条引进模式，搭建数智化绿色化协同发展平台

一是精准定位产业链主攻方向。聚焦电子信息、有色金属、装备制造等全省 12 条制造业重点产业链的具体领域，推动优势产业延链、传统产业升链、新兴产业建链。二是开展精准招商和链条延伸。紧盯世界 500 强、中国 500 强、行业百强和知名企业，以开发区为主阵地，着力提升招商引资项目全生命周期服务。与产业链上其他企业结成创新联合体与利益共同体，推动重点产业由点式扩张变链式发展。三是实施产业链链长制升级行动。推行“链长+链主”工作模式，建立链长与链主常态化互动机制，支持链主企业发展。推行“链长+园区”模式，链长指导市、县、园区融入全省产业链布局。借鉴上海“工赋链主”、杭州“链主工厂”等先进模式，支持“链主”企业主导建设“产业大脑”。

（五）推动高科技成果产业化，多措并举优化创新生态体系

一是加强高科技成果的转化和产业化。探索许可先使用后付费模式，引导南昌大学、省科学院等高校、科研院所将科技成果许可给中小微企业使用，双方采取“零门槛费+阶段性支付+收入提成”或延期支付等方式支付许可费，促进一批重大技术创新成果产业化。二是鼓励创新技术培育创新型企业。支持江铜、江铃、新钢等龙头企业建设工业互联网平台，开放先进技术和应用场景，孵化可复制、可推广的行业数字化

解决方案。推动鄱阳湖国家自主创新示范区建立重点培育清单，一企一策支持龙头骨干企业做强做大，打造一批链主企业。三是适度超前部署建设数字基础设施。瞄准产业前沿，加快实施数字经济核心产业加速行动计划，推动无人驾驶等新产业新业态孵化和发展，在南昌未来科学城探索发展跨越物理边界的“虚拟”产业园区和产业集群，加快产业资源虚拟化集聚、平台化运营和网络化协同。

突出“四大融合” 做实做强做优做大江西实体经济

党的二十大报告强调，坚持把发展经济的着力点放在实体经济上，推进新型工业化。江西省委十五届五次全会指出，全面实施制造业重点产业链现代化建设“1269”行动计划，以创新引领提升产业链发展水平，加快建设制造业强省，构建体现江西特色和优势的现代化产业体系。这就需要坚定不移做实做强做优实体经济，因为实体经济是支撑经济增长、保障国家安全的重要基础，是一国经济的立身之本。在推进中国式现代化江西篇章的历史进程中，必须坚持以实体经济为根基，以科技创新为核心，加快推进新型工业化，加快培育新质生产力，大力实施制造业重点产业链现代化建设“1269”行动计划，为江西经济高质量发展注入强劲推动力。

一、江西做实做强做优实体经济的基础

（一）矿藏资源丰富，新兴产业机遇巨大

从矿藏资源看，江西已查明有资源储量的矿产共九大类 139 种，在全国矿产资源储量居前 10 位的有 81 种。特别是铜、钨、稀土等矿产在全国占有重要地位，被誉为“稀土王国”“中国铜都”“世界钨都”等。此外，江西的锂矿资源也十分丰富，仅宜春一地的氧化锂储量就超过 900 万吨。新能源、新材料等战略性新兴产业发展机遇巨大。

（二）工业门类齐全，产业结构持续优化

从传统制造业基础看，江西有色、钢铁、纺织、石化等传统产业家底厚实，拥有全部 41 个工业大类行业中的 38 个。2023 年，江西三次产业结构比例为 7.6：42.6：49.8，稳步实现了由“二三一”至“三二一”的转变，三次产业结构持续优化。全省

战略性新兴产业同比增长9.1%，占规模以上工业比重为28.1%；高技术制造业同比增长6.1%，占比为19.9%。新增国家创新型产业集群2个、新增国家专精特新“小巨人”企业56家。新能源、有色、钢铁、电子信息产业均实现两位数增长，工业绿色化迈出坚实一步。“十四五”时期前三年，全省规模以上工业单位增加值能耗累计下降约9.5%、超序时进度20%，对比“十三五”末的能效水平，节约标准煤1700万吨、减碳量4400万吨，工业节能降碳成效显著。

（三）区位优势较好，交通网络日益便捷

从区位优势看，江西联通东西、承接南北、通江达海，是唯一与长三角、闽三角、粤港澳大湾区毗邻的省份，加上资源优势、产业优势、生态优势和国家战略叠加优势互融互促，实体经济前景广阔。近年来，随着昌景黄高铁通车、共青城通用机场通航、九江发电公司煤码头等一系列标志性工程的建成开通，江西的高铁、高速、中欧班列、航空物流枢纽等交通设施日趋完善。借助综合立体交通网以及国内国际双循环、产业转移、内陆开放等战略的支撑，江西正在重塑“四面逢源”的区位格局。着力完善综合交通运输网络，截至2023年底，综合交通完成固定资产投资1137.9亿元，全省高速公路通车里程达6742千米，打通了31个出省大通道，成为全国首个市市通时速350千米高铁的省份。

二、江西做实做强做优实体经济的短板

江西在加快构建以实体经济为支撑的现代化产业体系过程中，也面临了一些短板和困难。

（一）制造业总量不大，新兴产业链竞争力弱

江西的产业结构主要以传统制造业为主，尽管传统产业在工业中占比七成，但缺乏高新技术业和服务业，呈现出大而不强的局面。一是总量规模仍然不大。2022年，全省规模以上工业企业实现营业收入48295.5亿元，仅列中部地区第四，与河南（60206.8亿元）、湖北（53789.9亿元）存在一定差距；规模以上工业企业总数虽突破1.6万家，但比湖南少3000多家、比安徽少4000多家。二是新兴产业链竞争力较弱。战略性新兴产业占规模以上工业比重为28.1%，总体规模能级还不高，产业链“链主”企业少，“2023中国企业500强”榜单，江西只有七家企业入选，与东部发达省份相比差距明显。三是数字经济结构有待进一步优化。2022年，数字经济总体规模为11874

亿元，位列全国第十五，但结构上“重硬轻软”，数字产业化占比不高，数字产业化占数字经济总体规模比重为18.03%。

（二）资源型产业占比高，绿色转型压力较大

江西生产方式绿色化、低碳化水平不高，以重工业为主的产业结构尚未从根本上得到改变。2023年，全省规模以上工业综合能源消费量7086.5万吨标准煤，同比增长6.9%，规模以上工业对煤炭依赖程度依然很高，六大高耗能行业综合能源消费量5979.1万吨标准煤，占比84%。有色金属等部分支柱产业结构矛盾突出，产品层次有待提高。当前全省有色行业营业收入稳居国内第一，但产品大多处于产业链的中低端环节，以原材料产品为主，加工业主要集中在中低端领域，精深加工能力不足，处于下游核心领域的深加工企业数量较少，随着能耗“双控”与“双碳”政策逐步深化，降耗、降碳要求更加强烈，有色金属产业发展面临较大的转型压力。

（三）研发创新能力不强，国家级创新平台少

2022年，江西R&D经费投入仅为558.15亿元，而同处中部地区的湖北（1160.2亿元）、湖南（1028.9亿元）、河南（1018.8亿元）以及安徽（1006.1亿元）均超过千亿元。全社会研发经费投入强度为1.74%，比全国平均水平低0.8个百分点，远落后于长三角地区发达省份。截至2023年底，江西国家级大院大所仅有2家，省部共建高校13所，国家级创新平台数量仅占全国的1%左右，“中字头”科研院所、国家级“双创”基地、国家级科技企业孵化器、国家企业技术中心等机构的数量屈指可数。产业基础较薄弱，产品附加值不高，很多企业仍处在初加工、组装等产业链低端，一些高端设备、核心零部件、基础软件等受制于人，产业链供应链韧性和整体抗风险能力偏弱。

（四）金融支撑力度不够，产业集群数量不多

在金融支撑方面，国家设立的大型产业发展基金鲜少在江西设立子基金，导致江西的产业投资基金和风险投资基金规模小、活跃度低。从制造业贷款余额看，江西制造业贷款余额4883亿元（截至2023年11月末），而中部其他省份普遍超万亿元，也远低于沿海发达省份，如广东3.1万亿元。从上市企业数量和市值看，截至2023年末，江西上市公司85家，而周边省份普遍超百家，如湖南146家、湖北146家、河南110家。在市值方面，江西上市公司市值约8800亿元，也远低于周边省份，如安徽约18000亿元、湖南15000亿元。江西有2个万亿元级制造业集群，而湖北、湖南均有3个万亿元级制造业集群，河南则有7个万亿元级制造业集群。

三、江西做实做强做优实体经济的对策

建议突出“四大融合”，加快推进“新型工业化”，赋能江西实体经济“量质齐飞”。

（一）做实科技融合，提供产业科技创新技术支撑

1. 以变革谋创新，发挥科创内核牵引效应

一是积极把握科技发展趋势和国家战略需求，聚焦“风口”领域、锚定主攻方向，瞄准人工智能和绿色能源等前沿领域提前谋划、多点布局，实施未来产业“育链”行动，发掘培育一批掌握先进技术的“独角兽”企业和“隐形冠军”企业。二是针对高新技术企业、“独角兽”培育企业等处于不同发展阶段的科技型企业出台精准奖励扶持政策，引导企业不断向高科技、高附加值方向转型，推动形成“雁阵式”科技企业梯队。

2. 以产业带科研，突出创新集群结构效应

一是聚焦集群和产业链，以群链骨干企业为龙头，推动产业链、创新链、人才链一体部署。立足特色优势产业，联动发展改革、科技、人力资源社会保障等单位深入企业调查摸底，梳理编制企业技术需求和人才需求清单，围绕这“两张清单”精准对接科研院所、创新平台，推动产业需求侧与人才供给侧的精准匹配。二是完善人才培养、使用、评价、激励制度，造就庞大优质的基础科学人才、科技领军人才、技术技能人才、经营管理人才队伍。三是探索突破规划用地属性，将传统商业空间、闲置办公资源转型为科创载体空间。鼓励现有科创载体改造升级，推动产业空间、公共配套统一集中布局。

3. 以生态促协同，激发多元创新联动效应

一是围绕破解科技创新“孤岛现象”，全方位推动政府当好培育者、市场成为主导者，构建“基础研究+技术创新+成果转化+科技金融+人才支撑”全过程创新生态链。二是建立区创业导师库，聘请优秀毕业企业创始人、毕业企业的上游企业创始人、投资人等担任创业导师。打造全生命周期创业训练营，通过集中培训、实战路演等方式为创业者对接资源。三是持续优化创新生态环境，强化需求和场景牵引，加强知识产权保护，完善技术标准体系。

（二）做强实体融合，提升现代化产业总体竞争力

1. 锚定产业方向，擦亮区域品牌名片

一是依托特色优势，推进传统产业升级，打造赣州稀金谷、鹰潭铜都、亚洲锂都；

依托中医传承和药材资源，打造中国药都和江西药谷；依托国家半导体照明工程产业化基地，打造南昌光谷；依托航空配套设备及零配件加工优势，打造南昌航空城和景德镇通用航空产业综合示范区；等等。二是加快培育战略性新兴产业、前瞻布局未来产业，聚焦人工智能、新能源汽车、氢能储能、先进核技术应用、新材料等产业发展方向，加快颠覆性技术突破，积极抢占战略技术制高点，加快建设以实体经济为支撑的现代化产业体系。

2. 坚持因地制宜，打造产业发展单元

一是结合城市功能定位、空间格局和工业用地实际，探索打造“产业发展单元+创新型产业用地”模式，在集中成片、有较高产业关联度和相应产业服务设施的产业集聚区设立“规模适宜、功能复合、邻里聚合、弹性控制、协同服务”的产业发展单元，实现生产、生活、生态“三生融合”。二是对省内园区经评估有条件的土地进行整合，引入产业前景好、亩均效益高的优质项目，建立符合江西产业发展特点和要求的科学化、差别化、精细化、生态化土地利用模式。

3. 加强内外联动，扩大开放发展步伐

一是构建新发展格局需要提升国际循环质量和水平，增强国内外大循环的动力和活力；培育产业优势需要以更大力度吸引和利用外资，充分利用全球技术资源和创新要素；加快制定贸易和投资自由化便利化政策，以国内大循环吸引全球资源要素，提升贸易投资合作质量和水平。二是重点依托江西内陆开放型经济试验区等重大开放平台，探索建立内外贸一体化的新型应用场景。引导粤港澳大湾区、长三角拥有较大市场份额的企业向江西园区转移生产制造环节。三是大力推动中央企业及“三类500强”企业总部、区域性总部和功能性总部入赣，促进打造一批新的具备核心竞争力的产业。

（三）做优产业融合，锻造新型工业化的绿色转型

1. 谋划顶层设计，推进一体化协同

一是聚焦“1269”行动计划，全力做强做大重点产业链条，着力打造先进制造业集群，提升自主创新“内核”、夯实工业基础“底座”、强化产业体系“骨架”，切实解决江西产业链控制力低、脆弱性高的问题。二是找准重点产业“突围”与整体生态构建的平衡点，发挥企业和企业家主体作用，坚持应用牵引、问题导向，坚持政府引导和市场机制相结合，推进江西新型工业化稳步前进。

2. 强化技术赋能，加速数智化演进

一是深入实施智能制造工程，推进新一代区块链、大数据、人工智能等信息技术在制造业领域渗透应用，实现研发设计、生产制造、营销服务、运营管理等制造业全流程智能化。二是加强5G、数据中心、算力等基础设施建设，加快工业互联网规模化应用，激活工业数据要素潜能。释放制造业和互联网的叠加、聚合、倍增效应，推动制造业向形态更高级、功能更优化、价值更高端演进。

3. 围绕品质提升，实现服务化转型

一是大力实施服务业品质提升行动，以出售产品转变为“产品+服务”为抓手，以提高功能价值为目标，完善先进制造业和现代服务业融合发展相关标准，探索建立两业融合相关统计体系。二是支持服务业企业实施品牌战略，鼓励通过收购、兼并、参股国际品牌，推动国内外著名商业品牌在江西集聚。

（四）做大金融融合，提供产业集群发展要素保障

1. 加强金融政策配合，聚焦重点领域

一是加大对中小微企业的金融支持，强化特色信贷产品创新支持，开展中小微企业金融服务能力提升工程，深入实施“一十百千”入园走访和个体工商户专项行动，强化“敢贷、愿贷、能贷、会贷”长效机制建设，确保信贷资金精准滴灌。二是全力支持重点产业发展，深入实施金融保链强链行动，深化产业链供应链金融服务创新，鼓励保险机构针对全省优势产业和重点产业链研发创新和科技成果转化开发保险产品，并在政府、银行和保险公司之间建立风险分担机制。

2. 完善科创新金融体系，培育创新土壤

一是构建和完善覆盖创投产业“募投管退”全流程的科技金融体系，重点打造科创企业从种子期、天使轮到上市 IPO 的“陪跑体系”。二是借鉴沿海发达地区先进经验，成立科技金融创新服务中心，建立和完善“一分（企业创新积分）、一池（风险补偿资金池）、一平台（‘一站式’综合金融服务平台）、多基金（引导基金、创投基金）”的科技金融服务体系。三是持续开发“小微贷”“科创贷”“启信贷”等融资产品，为科技型企业提供多元化、接力式的金融服务。

3. 拓宽绿色融资渠道，发展绿色金融

一是抢抓我国资本市场大力支持“双碳”战略的政策机遇，扩大绿色债券、绿色基金、绿色股权融资等直接融资市场规模。支持更多的江西绿色企业优先进入“映山红行动”行动，通过主板、中小板、创业板、科创板等市场上市融资，打造资本市场的“绿色江西”板块。二是充分发挥地方政府、商业银行、信托公司等机关和机构的作用，开展绿色市政债、绿色票据、绿色信托标准的研究，推动建立具有江西特色的地方绿色金融标准。三是用好国家绿色发展基金，推动绿色风险投资、创业投资和私募等各类绿色类投资机构在江西集聚，支持更多的江西企业绿色发展和绿色项目发展。

在新的起点推动江西石化化工产业高质量发展研究报告

2023年10月，习近平总书记亲临江西考察并赴九江石化调研指导，强调要按照党中央对新型工业化的部署要求，坚持以绿色、智能为主要方向，扎扎实实、奋发进取，为保障国家能源安全、推动石化工业高质量发展作出新贡献，并勉励九江石化打造世界领先的绿色智能炼化企业。石化化工产业链是江西12条制造业重点产业链之一，近年来，产业发展总体积极向好，但面临的下行压力也较为明显，呈现“喜忧参半”的发展态势。

一、江西石化化工产业链现代化建设成效

江西是全国化工矿产资源最为丰富的省份之一，石化化工产业底子好、起势早、链条全，经过长期的发展取得了较好成效，且近年来总体实现平稳运行，规模以上工业企业营业收入占全省比重接近10%，有效发挥了全省工业经济“稳定器”和产业安全“压舱石”作用。

（一）锚定能级跨越，加快培育产业链完整性

目前已形成石油化工、化工新材料、精细化工、氯碱深加工4条主要子产业链，营业收入占全省石化化工产业的60%以上。一是产业链更趋协同。补链强链更加精准，有机硅产业形成了“有机硅单体—中间体—硅油、硅橡胶、硅树脂、硅烷偶联剂”产业链，星火有机硅已成为我国有机硅行业为数不多具备上下游联产的企业；有机氟产业培育了“氢氟酸—含氟单体—含氟聚合物”产业链，石油化工“炼油—PX—PTA—PET”产业链建设持续深化。二是重点产品富有竞争力。九江天赐高新是全球最大锂电池电解液生产企业、产销量居全球第一；金利达钾业生产的氢氧化钾和碳酸钾、天宇化工生产的2,4-D制剂均居全国第一；宏柏新材料含硫硅烷偶联剂为全国单项冠军，

全球市场占有率居第一。

（二）强化发展质效，持续提升产业链先进性

一是国字号平台接续创建。九江、抚州、湖口、乐平等多地先后获评国家级精细化工高新技术产业化基地，江西化工行业数字化中心被列为2022年省级数字化转型促进中心。在分子筛膜材料、半导体专用化学品、昆虫病毒生物等领域获批建设国家地方联合工程研究中心。二是创新型企业接续发展。2023年创建“5G+工业互联网”应用示范企业5家，新增省级专业化“小巨人”企业5家。九江石化先后成为工业和信息化部首批智能制造试点示范企业、国家智能制造标杆企业、首批绿色工厂；星火有机硅与中国电信九江分公司联合组建了江西首家“5G+智能化工联合创新实验室”。

（三）坚持量质并举，高度重视产业链安全性

一是园区管理更加规范。省工业和信息化厅等9部门联合印发《江西省化工园区认定工作流程（试行）》、省化工园区管理工作联席会议办公室印发《江西省化工园区管理工作联席会议制度（试行）》，进一步明确化工园区认定工作流程及相关工作机制。二是关键核心技术加快突破。九江石化于2022年建成芳烃项目，标志着中国成为第三个自主掌握第三代芳烃生产技术的国家；在精细化工产业链中，金利达钾业、富达实业等均是全国有关行业领域的领军企业和行业标准起草者，贝特利新材料填补了国内电子化学品领域应用的空白。

二、江西石化化工产业发展存在的主要问题

受国内外形势影响，2023年，全省石化化工产业实现营业收入3575.1亿元，同比下降6.9%，实现利润229.9亿元，同比下降42.1%，下行压力较为明显。

（一）产业链核心技术与关键环节缺位导致产品附加值偏低

省内石化化工产业集群大多是以低成本为基础的简单“扎堆”，核心技术和关键环节缺位，储量丰富的化工资源优势未能有效转化为产业竞争力。表现在：一是下游应用薄弱。例如，炼化一体化链仅有芳烃、聚丙烯（PP）等少数品种，由于关键产品精对苯二甲酸（PTA）尚未建设，导致聚对苯二甲酸乙二醇酯（PET）向下延伸较难；化工新材料、氯碱深加工等产业链“头大尾小”，下游深加工和应用环节存在短板，向聚硅氧烷、含氟聚合物、有机硅材料等终端产品延伸不足。二是高端产品缺乏。精细

化工产业链以农药、医药中间体、纺织染料等传统低端行业为主，高端电子化学品、信息化学品、特种树脂等高端产品产量相对不足。尤其是江西化工企业在中部地区面临较大竞争压力，湖北、安徽规模以上化工企业营业收入均超 5000 亿元，随着武汉 150 万吨/年乙烯、岳阳 100 万吨/年乙烯等项目落地，中部地区石化产业竞争将更趋激烈，发展高端化工迫在眉睫。九江市政府反映，大部分化工企业与各大院校、研究机构建立了研发合作关系，但企业仍缺乏完整的研发体系，化工产业产品也仍以中低端、大宗基础品种为主。

（二）上下游协作不够紧密导致集群效应不强

省内龙头企业大多为资源依赖型，布局比较分散，周边专业性配套企业缺乏，没有形成以骨干龙头企业为核心、众多配套企业为支撑的产业链，企业间的跨区域分工协作不紧密，多个石化产业园间也缺少大宗商品互通等产业互补效应。表现在：一是企业协作不足。例如，江西石油化工产业链整体以上中游为主，而惠州大亚湾石化区除布局炼油、乙烯等上游核心项目外，还聚集了一批下游细分领域“单项冠军”及中海油、恒力石化、壳牌、巴斯夫等一批国有企业、民营企业、外资企业，不仅减少仓储成本、运输风险，还推动了“三废”处理等公用设施实现“隔墙供应”“就地转化”。彭泽精细化工产业集群 2023 年营业收入近 150 亿元，但 24 家化工企业中仅有 3 家超过 10 亿元。二是供应链区域化不足。石化化工产业供应链整体运作效率低、物流成本偏高，信息流、商流、物流、资金流尚未打通，各主体之间不能有效连接，无法形成系统化协作。例如，宜春市政府反映，化工企业数量不少，但规模不大、龙头企业小、小散企业多，尤其是高新技术、专精特新企业数量占比不到 10%。

（三）化工园区缺乏标准范式导致规范化、绿色化、集约化水平不足

省内部分化工园区以化工企业聚集为主，主导产业不明晰，企业供应链、产业链、价值链现代化水平不高，园区建设尚未形成标准化范式。表现在：一是规范化水平仍需提升。化工项目由于行业特点，在安全领域存在更多的隐患，尚未形成产业规范化发展范式。例如，宜春市政府反映，石化化工产业中危化品生产企业数占规模以上企业比重超过 30%，安全方面压力较大；景德镇市发展改革委反映，化工园区和所在县（市、区）政府的有关职能部门安全生产责任划分不清晰，化工园区安全监管人员配备不足。二是绿色化转型亟须加快。化工园区专业化管理机构覆盖率依旧偏低，化工“三废”排放治理、碳排放等方面的新技术、新工艺、新装备尚需加强。例如，抚州市发展改革委反映，随着入园企业数量和规模的持续扩大，污水和固体废弃物的处理能力已难以满足企业发展需求。三是集约化发展水平不足。化工产品生产需要大量能源和原材料，化工园区也难以像一般园区一样拓展地上地下空间，土地和能耗指标成为限制部分化工园区发展的一大难题。

三、推动江西石化化工产业高质量发展的对策建议

针对石化化工产业发展中存在的问题，要进一步加强全省石化化工产业高质量发展的顶层设计，坚持目标导向和问题导向，以产业链现代化建设“1269”行动计划为蓝本，以培育发展新质生产力为引领，以沿高端产业链布局为导向，突出抓好集群提升、链条延伸、智改数转、绿色转型、安全发展、招商引资六大主攻点，全力提升石油化工、化工新材料、精细化工、氯碱化工等优势产业链韧性和发展能级，力争打造全国具有较大影响力的智能炼化一体化基地和化工新材料基地，为保障国家能源安全、推动全省制造业高质量发展提供有力支撑。

（一）聚焦集群发展主线，做强高能级产业升级主平台

一是做强重点产业集群。围绕石油化工、化工新材料、精细化工、氯碱深加工 4 个子产业链，完善产业链招商模式，着力引进中石化、中化、新安化工、浙江龙盛等国内链主企业在重点集群落户。借鉴宁波依托荣盛控股集团形成全产业链发展模式的先进经验，围绕“炼油+PX+PTA+PET+终端产品”“有机硅单体—中间体—下游产品—终端应用”等完整产业链需要，精准引进一批有核心技术的上下游配套企业，补齐 PTA 等产品短板，拓展建筑工程、节能环保等领域应用。着力推动石化化工与电子信息、纺织鞋服、锂电池等下游产业融合，积极发展烯烃衍生物、含氟中间体、医药中间体等产业链中间产品，鼓励企业间建立长期战略合作、加大省内采购，提高产业链供应链本地化配套水平。争取九江石化、乐平精细化工等重点产业集群创建国家先进制造业集群。二是完善产业生态。针对集群企业的共性诉求，支持在化工园区建设科技企业孵化、检验检测认证、标准计量、研发孵化等生产性公共服务平台。支持以链主企业为主体，与高等院校、科研院所合作共建技术创新联盟，牵头建立石化化工产业联盟，合力开展产销对接、技术研发。三是激发企业活力。建立重点企业培育库，开展“专精特新”“小巨人”“单项冠军”等企业培育工作，加强动态监测和跟踪服务。鼓励九江石化、蓝星星火等龙头企业将配套的中小企业纳入重要产业链供应链管理，支持天宇化工、理文化工等骨干企业做大做强。

（二）推进延链补链强链，实现石化化工产业向高附加值迈进

一是石油化工产业链要顺应轻质烯烃、芳烃等“减油增化”产品方向，发展原油蒸汽裂解、催化裂解、加氢裂化等技术，提高化学品收率，加快打造从研发、设计、

生产到销售独立自主实现“油转化”的全产业链。重点发展下游深加工环节，尽快实现PAT、PET等产品突破，推动聚酯纤维、聚酯瓶片、聚酯薄膜等下游产品高端化发展。二是有机硅新材料产业链要发挥单体优势，重点发展下游深加工和应用，拓展硅油、硅橡胶、硅树脂以及硅烷偶联剂等产品，结合优势产业发展需求，开拓相关产品在电子信息、新能源汽车、航空等产业领域应用场景。三是氟化工新材料产业链要发挥萤石资源优势，紧扣高端氟橡胶、含氟聚合物、氟精细化工等未来重点发展方向，发展氟树脂、氟橡胶、氟涂料、氟纤维、含氟中间体、含氟电子化学品、含氟表面活性剂等优质及高附加值产品。四是精细化工产业链要聚焦产品专用性强、技术含量高的特点，根据农药、医药及染料等下游行业需求，及时更新产品品种，重点加强新品种选择、化学反应工艺路径选择、催化剂选取、工艺过程控制等研发能力，着力提升食品添加剂、胶黏剂、造纸化学品、水处理药剂、电子化学品等产品性能。五是氯碱深加工产业链要发挥岩盐资源优势，围绕氧化铝、轻工、印染、化工、粘胶短纤、造纸等下游行业需求，推动烧碱、聚氯乙烯、氢气、氯气等氯碱工业产品高端化发展，加快生产技术和装备升级，着力打造“矿—煤—电—氯碱化工—‘三废’综合利用”一体化循环经济体系，并向乙二酸、环己酮、乙内酰胺等氢气深加工产业链延伸发展。

（三）做好“智改数转”文章，培育石化化工产业新质生产力

一是促进行业智能化改造。制定并动态更新全省石化化工产业技术推广应用和产品目录，鼓励运用先进技术开展工艺优化、过程控制、安全生产等数字化改造，加快建设一批数字化车间、智能制造示范工厂。支持链主企业牵头打造一批特色专业型工业互联网平台，探索建立石化化工行业大数据平台，开展智能监控、智能预测、风险评估、管理对策等关键技术服务。二是加快推动数字化转型。开展智慧化工园区建设专家辅导活动，推进产业大脑等基础设施建设，加快5G、大数据、人工智能等新一代信息技术与石化化工行业融合，对园区实行全方位信息化管控。参照山东的做法，对所有化工园区建设安全、环保监测监控平台系统和智能化风险管控预警平台，实现风险点智慧化安全管控。组织开展化工园区、石化化工行业规模以上企业数字化诊断，建立问题清单、需求清单和对策清单。三是提升创新能力。建立“揭榜挂帅”“赛马”等机制，加强产学研用合作，着重在PTA、PET、高分子功能性材料、高端精细化工生产研发、含氯含氢生产等先进领域突破一批关键核心技术，加速科技成果转化。支持石化化工产业集群合作建设高能级创新平台，推动人才共用、技术互通、设备共建、资源共享，力争在石化化工领域储备一批前沿技术。

（四）厚植转型发展底色，打造长江经济带石化化工绿色样板

一是着力破解“化工围江”。依法依规淘汰石化化工产业落后产能，坚决遏制“两高一低”项目盲目发展。严格落实《长江经济带发展负面清单指南》要求，禁止在长

江干流、重要湖泊岸线1千米范围内新建、扩建化工园区和化工项目，严控炼油、磷铵、电石、黄磷等行业新增产能。支持园区存量化工项目加快技术改造，有序推进园区内劳动密集型企业搬迁，鼓励搬迁改造同兼并重组、产品升级结合，推动化工项目合理布局。二是加快绿色低碳技术升级。开展碳排放核查，建立减污降碳协同增效试点，指导石化化工重点企业一企一策推进减污降碳，鼓励企业采用清洁生产技术装备改造提升，切实减少“三废”排放。加大“双碳”项目推进力度，以绿氢、清洁替代、碳捕集、利用与封存（CCUS）等重点工作为抓手，推动企业实现向绿色低碳转型。探索在重点园区建立“双碳”平台，及时开展石化化工企业数据收集、监测和跟踪碳排放，抓实全过程节能降耗。三是发展绿色制造。推广永修云山经开区发展循环经济、彭泽工业园发展中间体产业、湖口县促进企业间资源利用等模式，优化生产流程，提高石化化工产业资源综合利用效率。鼓励九江石化、星火有机硅等龙头企业联合上下游企业协同降碳，共建一批绿色工厂，打造绿色供应链。

（五）树牢安全发展底线，持续提升化工园区承载能力

一是提高化工园区建设水平。明确化工园区“四至”范围，确保化工园区与主城区、人口密集区的安全防护距离，逐步提高行业规划布局、安全生产标准、生态环保要求等化工园区设立的前置条件，并在扩区调区工作中严格把关。定期开展化工园区安全风险整治，提升安全生产、应急救援等方面的有效管理能力，推动有条件的园区率先达到D级（较低安全风险）水平。二是加强源头管理。持续完善入园项目评估制度，建立严格项目准入机制，对工艺水平、安全风险、能源资源节约利用等综合评估。化工项目立项前应由立项行政部门组织发展改革、工业和信息化、生态环境、自然资源、应急管理等部门进行安全风险防控联合审查。强化项目审批环节安全生产要求，开展企业风险分级管控和隐患排查双重预防机制，及时发现和解决生产过程中各环节出现的安全风险。严格开展“双随机”执法检查，加大园区外企业的执法频次和力度。三是提高本质安全水平。指导推进化工园区规范化建设，鼓励市县政府在化工园区配套设施方面予以资金倾斜，提升路网、市政雨排水等建设标准，健全蒸汽管道、变电站、双回路供水、雨污水管网等设施。为石化化工企业量身定制安全生产主体责任落实任务清单，在管理人员配备、应急管理制度建设、安全技术装备引进等方面加强考核指导。用好化工园区管理工作联席会议制度，进一步厘清化工园区专职管理机构与县级应急管理、生态环保等职能部门之间的关系，防止职能交叉、职责重叠、权责不清。

（六）优化全链条招商安商，全面提升项目落地精准性和服务水平

一是积极招大引强。鼓励化工园区开展产业链上下游专场对接，加强面向长三角、大湾区、长江中游城市群的石化化工产业对接，招引一批适销对路的化工中间体和终

端产品加工企业，承接高端石化化工产业转移。二是优化营商环境。规范涉企行政执法，落实企业“安静生产期”制度和包容审慎监管措施。提高行政审批服务效率和质量，推动石化行业更多业务实现“一网通办”“跨省通办”，为园区企业提供“一条龙”服务。畅通石化企业反映问题渠道，加强跟踪督办力度，及时回应企业诉求。三是拓展国际市场。抢抓 RCEP、东盟、上合等经济组织合作发展新机遇，支持园区和企业参加知名展会，开展线上线下推介活动。推进与共建“一带一路”国家在化工产业领域的合作，加强先进技术和项目招引力度。聚焦本省优势石化产业链条，丰富产品种类，提升产品质量和附加值，打造江西国际知名石化品牌。

加快推进江西制造业大规模设备更新的对策建议

2024年3月，国务院印发《推动大规模设备更新和消费品以旧换新行动方案》（以下简称《行动方案》），启动实施设备更新、消费品以旧换新、回收循环利用、标准提升“四大行动”。2024年4月29日，江西省政府发布《江西省推动大规模设备更新和消费品以旧换新实施方案》，相关重点领域配套细化方案陆续出台。推动大规模设备更新既利当前又利长远，为抢抓重大机遇，更好推进江西省制造业大规模设备更新工作，课题组认真组织研究，形成以下报告。

一、本轮大规模设备更新政策的主要特点

（一）政策覆盖面更广

从国家层面看，本轮政策相比2022年政策的覆盖范围进一步扩大，纳入了电力、电子、机械等重点行业生产、用能、检验检测等设备更新和技术改造，并针对工业、建筑和市政基础设施等领域设备更新专门出台了配套实施方案。从省级层面看，湖北聚焦优势产业发展，在钢铁、有色、石化、化工等33个行业推动设备更新；浙江聚焦“415X”先进制造业集群推动生产设备、用能设备等更新和技术改造，配套实施千亿元技术改造投资工程；江西设备更新政策聚焦发展新质生产力，重点推动生产设备、用能设备、发输配电设备以及市政、科教文卫等领域的更新和技术改造，大力推广应用智能制造装备。

（二）市场潜力巨大

据有关机构测算，目前我国全社会设备存量资产净值达39.3万亿元，其中工业设备存量资产约28万亿元。江西工业设备存量资产近万亿元，特别是在产值占比较大的

有色、建材、石化等传统行业，设备更新空间大、潜力足。根据江西省工业和信息化厅于 2024 年 4 月底对全省的情况摸底，重点领域已储备各类项目近 2000 个。同时，根据国务院《行动方案》，要实现 2027 年工业、农业等领域设备投资规模较 2023 年（约 4.9 万亿元）增长 25%以上目标，预计 2027 年全国工业、农业等领域设备投资规模将超过 6.1 万亿元。

（三）资金统筹力度大

中国人民银行已将科技创新和技术改造再贷款额度从 2000 亿元提高至 5000 亿元，激励金融机构加大对科技型中小企业、重点领域技术改造和设备更新项目的金融支持。另据了解，2024 年在超长期特别国债中安排 600 亿～800 亿元用于支持大规模设备更新。此外，其他设备更新项目支持均为现有资金统筹。从地方情况来看，浙江统筹安排省级财政资金在 150 亿元以上，2025 年继续增加；江苏统筹省普惠金融发展风险补偿基金，针对中小微制造企业设备购置更新改造推出 200 亿元规模的“设备担”政策；湖南对符合条件的设备更新、循环利用项目纳入中央预算内投资、专项债、超长期特别国债等资金支持范围；江西财政整合现有各类财政专项资金支持设备更新，省级工业发展资金 2024 年起连续 3 年累计安排 20 亿元支持企业数字化改造，每年新增 10 亿元（连续 4 年）专项支持工业领域设备更新和技术改造。

二、江西推进大规模设备更新面临的突出困难

本轮大规模设备更新政策力度空前、机遇难得，市场反应积极，但江西推进此项工作仍面临一些困难，突出表现在以下四个方面。

（一）大型企业内部立项流程较长

一是企业设备更新计划与《行动方案》出台存在时间差。设备更新具有计划性、周期性特点。大型企业、上市公司本年度设备更新计划一般在上年度已制订完毕，临时新增设备更新项目难度较大。据江铜集团反映，企业每年设备更新投入约 10 亿元，已上报项目均为 2023 年确定的更新计划。同时，企业普遍反映对设备更新的具体实施细则、资金扶持方式、补贴申报方式等政策缺少信息来源。二是大企业设备更新技术论证周期较长。为确保设备更新项目的成功实施，购前技术论证一般需要经过调研需求分析、方案设计、提交报告、专家评审、风险评估、决策审批、实施计划等多个环节，大项目论证周期可能长达半年以上甚至一年，对本年度设备更新形成迟滞效应。

（二）设备更新投入资金压力较大

一是财政支持压力较大。受经济下行影响，近年来江西税收贡献率降低。例如，2024 年第一季度，江西纳税人自主申报税款 998 亿元，同比下降 5.4%。江西税收主要依赖传统行业，新兴产业税收仅占总税收的 1/3 左右，税收和可用财力不匹配。二是企业扩大投资压力较大。纺织服装、钢铁等传统产业设备更新投入多、周期长，设备更新占企业总投资的比重较高，部分制造业细分领域设备更新占企业总投资的 30%以上。在行业需求增长放缓形势下，不少企业（特别是民营企业）面临营业收入、成本、利润“多头挤压”，已采取主动缩表、负债最小化，尽量不借债、不购置设备、减少固定资产投资等策略。据安义县发展改革委反映，从 600 余家企业走访情况来看，受房地产市场下行影响，铝型材企业生存较困难，行业设备更新存在难度。

（三）废旧设备循环利用链条不畅

一是再生资源回收能力不足。大规模设备更新必然带来废旧设备处理问题。江西废旧资源循环利用企业仍然偏少、竞争力较弱，存在前端回收“散小弱”和后端处理利用水平低等问题。由于废旧家电处理资质尚未完全放开，江西只有 4 家企业具有废旧家电处理资质，仅占全国获得该资质企业数量的 3.7%。据南昌市商务局反映，南昌市仅拥有 4 座再生资源绿色分拣中心，距离每个县区（含开发区、湾里管理局）至少建设 1 座的目标仍有不小的差距。二是工业废旧设备处置商业模式不够成熟。传统产业生产设备大多体积大、运费高、仓储成本高，如中型机床重量为 3~10 吨，化工行业反应釜、蒸馏塔等设备重量可达数 10 吨，难以像手机、家电等消费品一样开展规模化回收、仓储和销售。江西传统产业设备更新需求较高，省工业和信息化厅正在聚焦化工产业领域超期服役设备，如电机、水泵、锅炉和行吊、叉车等有一定安全隐患的大型机械设备加强项目储备，未来可能出现大量大型废旧设备处理需求。此外，国内工业设备回收业务多由中小企业开展，二手工业设备交易平台建设仍处于起步阶段，龙头平台“爱玖库”自 2015 年成立以来累计成交金额仅 243 亿元。

（四）工业设备更新标准相对欠缺

一是部分标准更新滞后。根据国家发展改革委发布的《重点用能产品设备能效先进水平、节能水平和准入水平（2024 年版）》，仅 15 个产品能效准入参考标准为 2020 年后制定，永磁同步电机、高压三相笼型异步电机参考标准仍为 2013 年制定，远置冷凝机组冷藏陈列柜标准已近 13 年未更新。二是针对企业主导制定标准的激励不够。江西省级层面除 5 年评选一次标准创新贡献奖外，尚未出台其他支持企业主导制定标准的奖励政策。相比之下，安徽针对主导制定先进光伏、新型储能领域国际、国家（行业）标准的企业，分别给予每个标准一次性最高奖励 100 万元、50 万元；上海市设立了标准化推进专项资金，重点支持本地“2+3+6+4+5”产业技术水平先进、创新性显著、实施成效突出的标准化推进项目。

三、江西推进制造业大规模设备更新的对策建议

为进一步做好江西制造业大规模设备更新工作，建议聚焦“1269”行动计划和特色优势产业，加强政策宣传引导，打好多元化政策组合拳，推动“江西制造”提升产品竞争力、扩大市场影响力，促进制造业创新升级、产能优化、结构调整、提质增效，助推江西新质生产力培育发展。

（一）瞄准优势产业，实施三大更新工程

统筹抓好推广优势产品与服务优势产业，率先推进钢铁、化工、有色、建材等传统产业动力设备更新，加快制造业数字化转型和交通装备新能源化。一是实施稀土永磁电机更新工程。我国在役高效电机占比仅为20%左右，低效电机升级改造空间巨大。建议加大对制造业企业新购稀土永磁电机的支持力度，以赣州经济开发区、龙南经济开发区为依托，加快开发1级能效永磁电机产品，加强产品宣传推广，提高市场占有率。二是实施制造业数字化转型工程。江西数字化研发设计工具普及率为75.2%、关键工序数控化率为60.5%，分别低于全国水平4.4个和1.7个百分点。建议加快“数智工厂”和“产业大脑”建设，针对参与建设产业大脑的企业设备更新需求加大政策供给，紧扣生产制造、运营管理、研发设计等关键环节，加强物联网、工业化联网创新引用，对生产设备、工艺流程、经营管理实施软件和硬件更新改造，推动规模以上工业企业“智改数转网联”和重点行业“产业大脑”全覆盖。三是实施交通装备动力迭代工程。按照公交车8年更换周期预估，2024年我国公交车更换规模近10万辆，同时江西新能源出租车占比约60%，也有较大的增长空间。建议发挥城市交通发展奖励资金作用，支持公交集团、出租车公司和物流企业加大城区新能源车辆投放，鼓励百路佳、安源、江铃、哪吒等新能源车企积极参与车辆换新竞标。

（二）拓展商业模式，激发企业内生动力

通过发展新业务、新模式，不断降低设备更新综合成本，减小企业投入压力。一是发展工业设备“回收+翻新+梯次利用/出口”业务。发挥江西内陆开放型经济试验区政策优势，引导外贸企业联合设备回收服务商，向东南亚、非洲等处于工业化初期和中期阶段的国家出口翻新设备，鼓励中大型企业向小微和初创企业转卖汰换设备，

构建工业设备梯次利用格局。二是鼓励供应商联合金融机构创新推出“先更新后付费”模式。支持金融租赁公司与设备生产厂商深度合作，在可控风险前提下适度放宽设备融资租赁门槛，针对大型设备、首台（套）设备、光伏等产品推出融资租赁产品。三是探索“设备即服务”模式。深入推进制造业数字化转型，深化工业互联网融合应用，鼓励制造业数字化转型服务商面向江西传统产业“智改数转”需求推出更多以软件和自动化升级为主的设备更新订阅服务，降低企业一次性投入成本。

（三）创新工作举措，形成多方合力格局

坚持市场为主、政府引导，激发各类经营主体活力，调动各方面的积极性，引导供需方企业、行业协会、金融及中介机构等全面参与大规模设备更新工作。一是有效盘活资源。加强财政资金统筹，根据设备更新政策执行节奏，针对 2025 年设备更新项目提前预留资金，在政策允许范围内加大重点产业集群设备更新支持力度。加强与国家发展改革委、工业和信息化部等部委沟通衔接，积极向上争取资金，鼓励市县提前做好设备更新和技改项目储备，全力争取制造业中长期贷款、超长期特别国债和中央预算内资金，积极申报制造业新型技术改造城市试点等相关试点示范政策，支持企业申报智能制造示范工厂、国家高端装备制造业标准化试点，扩大资金来源。发挥省现代产业引导基金作用，强化产业链链主牵引，撬动更多的社会资本参与设备更新和技改项目。二是实施清单管理。发挥好部门联席会议机制作用，推动工业和信息化部、国资委、商务部和工商联等相关部门尽快制定“两优”“两新”清单（优势产业、优势产品供给和设备更新、消费品以旧换新需求清单），并及时向社会发布。探索制定工业领域安全生产隐患清单，针对重点企业开展重大事故隐患排查，将隐患设备更新列入整改事项。三是抓好场景驱动。编制设备更新场景指南，针对重点行业、重点产业集群落后低效设备替代、厂房绿色化智能化改造、生产线技术升级、试验检测设备升级等谋划一批设备更新场景，引导企业快速定位需求、高效匹配供给，实现系统化、集中化设备更新效果。四是突出“链长”作用。进一步完善提升产业链链长制，将设备更新工作纳入各重点产业链年度重点任务，“链长”“链主”全面参与设备更新工作，细化阶段目标，统筹要素资源，及时向企业宣传设备更新支持政策，做好企业项目申报指导，推动设备更新与制造业重点产业链“千项技改、万企升级”计划有机融合。

（四）强化体系支撑，提高设备更新效能

按照系统化思维推动制造业大规模设备更新工作，抓好标准引领、过程管理和废旧装备处理支撑体系建设。一是完善行业技术标准体系。强化能耗、排放、技术和资源循环利用标准宣贯，鼓励企业对标国际先进水平，支持企业参与制修订先进技术、能耗限额、产品设备能效等国家标准。借鉴安徽等省份经验，研究出台企业主导制定

标准的奖励政策，重点支持永磁电机等优势产业领域标准更新。加大材料和零部件易回收、易拆解、易再生、再制造等绿色设计标准推广力度，引导企业逐步提高绿色设计水平。二是建立重点产品碳足迹管理体系。加快出台江西建立碳足迹管理体系工作方案，支持企业聚焦生产和流通中的薄弱环节开展工艺流程改造，合理增加计量溯源设备，有效减少产品碳足迹，推动供应链整体绿色低碳转型。三是健全废旧装备循环利用体系。积极引进废旧设备回收服务商，支持二手设备互联网平台商家在省内开展设备回收业务。促进废旧装备再制造产业发展，健全二手设备回收再利用机制，鼓励工业设备生产企业开展零部件回收。引导江西格林美、江西同和资源、赣州巨龙等拆解处理企业提高产能，拓展二手工业设备拆解回收业务。

南昌“流量”变“留量”、“创红”到“长红”对策研究

2023 年 12 月，中央经济工作会议在北京召开。会议提出，要推动消费从疫后恢复转向持续扩大，培育壮大新型消费，大力发展数字消费、绿色消费、健康消费，积极培育智能家居、文娱旅游、体育赛事、国货“潮品”等新的消费增长点。近年来，全国多个城市在文化旅游、城市功能品质方面有了实质性的突破。旅游市场快速回暖复苏，全国多个城市旅游市场迎来爆发式增长，为推动文化旅游高质量发展、实现新的消费增长点提供了有力支撑。

南昌紧紧围绕“一枢纽四中心”发展定位，着力以综合实力和发展能级提升全面落实省会引领战略，尤其在文化旅游、城市功能品质方面有了实质性突破，各类彰显城市人文气质的特色项目不断涌现，做到了历史有厚度、文化有温度、人民有情怀。伴随着旅游市场的回暖复苏，南昌旅游市场迎来爆发式增长。2024 年“五一”假期，南昌游客接待量位列全省第一，占比达 26.74%；30 家商贸典型样本单位实现销售额 11.9 亿元，同比增长 16.2%；累计客流量 883 万人次，同比增长 16.7%。2024 年元旦节庆期间，全市 11 个样本重点商圈、商贸综合体吸引人流 420.95 万人次，同比增长 96.5%，销售额约 2.69 亿元，同比增长 28.1%。2023 年中秋国庆假期前三天，共接待游客 609.87 万人次，同比增长 108.2%，旅游综合收入实现 41.63 亿元。南昌也被多家媒体评为全国十大“新晋网红城市”之一，入选英国伦敦世界旅游交易会“2023 年中国十大旅游目的地必去城市”。在携程旅行发布 2024 年口碑榜年榜中，南昌入选“2024 全球 100 目的地”第 78 位、“2024 亚洲 100 热门目的地”第 45 位。但同时也存在区域性公共服务设施有待进一步完善、文旅新业态培育有待进一步加快等问题。南昌应抢抓“网红”城市发展机遇，持续擦亮“天下英雄城”金字招牌，为高质量建设文化强市和旅游强市提供有力支撑。

一、近年来南昌文旅市场“热辣滚烫”的流量密码

（一）政府“敢作善为”理念，高位推动南昌“流量”提质升级

近年来，南昌市委、市政府主要领导亲自谋划、亲自部署、亲自推动，各级各部门积极作为、勇于担当，在推动南昌迈入文旅新征程上接续奋斗、砥砺前行。一方面，政府积极谋划各类重大活动，推动南昌“流量”提质升级。陆续推出大型烟花晚会、除北京外唯一拥有三军仪仗队升旗仪式的地区、国际龙舟赛、横渡赣江、徒步复兴大桥等在国内别具一格的文旅活动。另一方面，政府主动服务来昌游客，让游客玩得舒心、爽心、安心。在节假日重要时间节点，主动谋划地铁免费乘车，有效解决重要地铁流量高峰问题；积极推出网红“铛铛车”、优化公共交通路线，高效串联市内各旅游景点、南昌地铁“阳光寄存”服务；不断完善滕王阁等热门景区基础设施建设，实施“打通断头路　畅通微循环”攻坚专项行动，改善城市交通功能、满足群众出行需求。

（二）交通立体式发展，满足“Z 世代”快消需求

元旦、“五一”、“十一”假期，南昌游客以“90 后”“00 后”年轻群体为主。目前受欢迎的“特种兵”旅游目的地，往往是景点相对密集、铁路和市内公共交通便利的城市。南昌 4 条地铁线路覆盖了 90%的网民评选必去景点和 80%以上的网红美食、商圈等打卡地以及大部分高星酒店和连锁酒店，游客乘坐地铁、网红“铛铛车”可以无死角无绕路地逛遍南昌。2024 年“五一”假期，南昌地铁全线网累计运送乘客 873.58 万人次，日均 174.72 万人次，其中，5 月 1 日和 2 日客运量分别位列历史单日客流第二和第三，5 月 1 日南昌地铁客运强度更是达到 1.73 万人次/千米，位居全国第二。2023 年 12 月 31 日跨年夜，南昌地铁客运量达 268.26 万人次，以 2.09 万人次/千米的客流强度，刷新单日客流及客流强度新纪录，创两个历史新高。同时，以武汉、长沙、南昌为核心城市的“三角形、放射状”城际交通实现 1~2 小时通达，满足了年轻群体出行需求。在“交换旅游”和“特种兵式旅游”的推动下，南昌逐渐成为旅游热点，被越来越多的年轻人“看见”。同时，短视频平台的扁平化特征让更多来南昌旅游的人群参与内容创作和发布，进一步提高了南昌旅游的知名度和吸引力。

（三）景点典型性开发，满足游客“多色享受”旅游需求

南昌围绕八一广场、八一起义纪念馆、新四军军部旧址等“红色”景点，滕王阁、

海昏侯国遗址博物馆、万寿宫、绳金塔等“古色”景点，梅岭、九龙湖、瑶湖、象湖等“绿色”景点，摩天轮、秋水广场、一江两岸灯光秀等“潮色”景点，致力将各色旅游相结合，全面升级吃、住、行、游、娱、购的服务体系，重点突出文化、美食、住宿和购物的体验。游客既可以感受天下英雄城——南昌的历史变迁，又可以感受南昌历史人文与现代化发展进程的紧密融合，体验多元化的魅力南昌，满足了“一站式”“打卡”的体验需求。同时，由于近年来赣菜的突破与出圈，以辣为主的饮食特色符合年轻人的胃口，以平民消费为主的各种小吃街、步行街的特色小吃符合大学生消费习惯，叠加南昌拌粉、瓦罐汤、白糖糕、糊羹等产品知名度，美食成为一块新的金字招牌。

（四）产品多样性加码，满足游客潮流时尚心理需求

南昌一直致力于强化省会潮流时尚属性，营造南昌美好生活、城市旅游氛围感。一方面，“首店经济”催生消费新时尚，2022 年南昌首店数量达 192 个，同比增长 88%，囊括了餐饮、零售、儿童亲子、生活服务、文体娱乐等多种业态；2023 年上半年，更是吸引了超 100 家首店进驻，为南昌商业市场注入了新鲜血液。另一方面，歌星演唱会、草莓音乐节等大型商业活动，成功吸引了周边城市，甚至是周边省份各类旅游群体的眼球。再加上《英雄联盟》官方赛事、八大山人国漫联动计划等越来越契合年轻人需求的文旅活动，南昌旅游的活力进一步被激发。“2024 携程旅游全球合作伙伴大会暨南昌‘登场皆为英雄’旅行者盛典”采风活动中，200 余位旅行商、旅行达人等采风团大赞英雄城风采，精彩纷呈。

二、南昌从“网红”到“长红”面临的主要问题

（一）区域性公共服务设施有待进一步完善

节假日期间的滕王阁成为全国各地游客的重要打卡地，燃放烟花时的秋水广场也成为游客的首选点，但两地附近未设置观景台，且仅有极少的停车场所，大量游客只能涌入主要道路驻足赏景拍照，严重影响整个区域的交通出行。同时，升国旗期间的八一广场、燃放烟花时的“一江两岸”由于缺少公共卫生间、垃圾桶等设施，更是导致升旗、烟花表演等活动后遍地垃圾。

（二）文旅新业态培育有待进一步加快

与其他“网红”城市或者文旅发达城市相比，南昌仍存在文旅项目规模较小、总

量偏低、竞争力不足等问题。例如，南昌现有红色文化品牌不能充分适应多媒体时代下年青一代的消费需要，缺乏高度凝练、科技感十足的红色文化IP形象系列产品，寓教性、体验性、互动性项目不够丰富，对年轻人吸引力不足。又如，南昌积极打造世界VR之都，但新技术在旅游场景运用程度低，智慧旅游沉浸式体验效果欠佳，文旅融合开发数字化亟须提速升级。

（三）文旅融合有待进一步加强

当前南昌文旅产品以初级观光产品为主，多数仍为粗放型开放模式，文化浸润度明显不足，“有景无文”现象普遍存在。虽然休闲类及综合型景区开始萌生，但创新型、体验型、深度型旅游产品仍有不足，未能深入挖掘如豫章等地方文化的内涵与精髓，文化资源的禀赋与旅游产品的开发一直没有找到较好的融合点，文旅产品市场辨识度不强、认可度不高，在全国有影响力的品牌尚未形成。

（四）旅游布局有待进一步优化

一方面，南昌虽有便捷的交通区位优势，但长期扮演旅游中转站的角色，很多游客到南昌是为了去三清山、婺源或庐山、井冈山，南昌“夜市”“夜游”项目也有待深度开发，吸引力还有待加强，“过境不过夜”现象仍然存在。另一方面，旅游空间主要局限于红谷滩区和老城区，南昌县、安义县、进贤县及周边市县旅游市场联动不足，组合式旅游产品和品牌开发不够。

（五）文旅营销力度有待进一步加大

面对近一两年火爆的流量，南昌城市形象营销工作仍显不足，流量热度过后的旅游市场情况难以预料。同时，面对人流极大的旅游热度，政府在文旅营销等方面的力度仍需加大。例如，哈尔滨元旦“爆火”的背后，除了政府积极支持各大文旅平台账号，推出游记攻略等短视频助燃旅游宣推，更是连续两天组织召开冬季旅游提升宾馆酒店服务质量座谈会，坚决打击侵害旅游者合法权益的不法行为，全力维护广大游客的合法权益和哈尔滨市的良好形象。重庆的网红景点轻轨二号线的李子坝站火爆全网后，当地政府为此搭建专门的观景台，为游客打卡提供便利，保障游客的体验安全。歌曲《早安隆回》走红之后，隆回县委、县政府与智库机构举办了容纳400余人参加的“早安隆回”暨隆回发展研讨会，为隆回经济社会发展贡献智慧力量。

三、国内各地推动文化旅游高质量发展的典型经验

全国各地结合自身特色优势，积极谋划文旅产品，推动文化旅游市场快速复苏，促进文化旅游产业高质量发展。

（一）哈尔滨：突出典型核心IP，满足游客“白色享受”旅游需求

2024年春节假期，哈尔滨累计接待游客1009.3万人次，旅游总收入达164.2亿元，实现接待人数与经济收入双增长，均创历史新高。哈尔滨突出冰雪旅游，不断整合旅游景区景点、大型文旅活动、地域特色品牌、文博场馆等各类资源，策划推出十大旅游精品线路，形成一日游、两日游、三日游等多个主题产品，打造了互为补充、互相带动的冰雪产品，为全国游客，尤其是“南方小土豆”带来了精彩的冰雪体验，使哈尔滨“热梗”不断、频上热搜。

（二）西安：厚植历史文化底蕴，推动文旅融合发展

西安积极探索“文旅融合”，聚力打造“彰显中华文明的世界人文之都”，以沉浸式体验、多元业态融合为切入点，刻画诸多具有代表性且不可复制的“西安印象”。“大唐不夜城”“长安十二时辰”等品类多元的唐风演艺持续擦亮西安文旅名片，“古丝绸之路的起点”“兵马俑的故乡”“西安城墙”等文化标识持续提升吸引力。西安用创意滋养文旅体验新空间、消费新场景，使更多游客“来了不想走，来了更想来”，助推文旅融合高质量发展。

（三）长沙：“以网聚能、以宣助力”，聚力引爆“长沙潮流”

近年来，长沙大力促进人文气息与烟火气息的相融相生，深化城市形象网上传播，推动网红长沙迈向长红长沙，形成强大的城市吸引力。政府积极联动“讲好长沙故事、擦亮长沙形象”，建设了以“长沙发布”为龙头的涵盖1286个账号的中部地区最大政务新媒体矩阵，擦亮“爱长沙@长沙”网络文化节活动品牌，举办“星城盛典”，凝聚向上向善网络文明力量。长沙上榜“中国美好生活城市之十大旅游向往之城”，已成为“‘00后’最爱去的城市”。

（四）重庆：风景场景融合，开启“全时、全域、全龄”现代旅游新赛道

重庆立足山地特点、生态资源和民族特色，持续优化旅游服务、丰富旅游业态、打响旅游品牌，推进“大都市、大三峡、大武陵”旅游发展升级版，打造风景叠加场景、场景融入风景，景城融合、业态融合的“全时、全域、全龄”现代旅游新赛道。重庆的景区与社区交融，居民与游客共享活动空间，既重视旅游度假区的高水平建设，也关注城市更新进程中的存量资产优化，推动小微型文化、休闲和旅游项目融入社区和景区，在模糊居民和游客边界的同时，较好地满足了人们“既要风景，又要生活”高需求，被誉为“网红城市的天花板”。

四、推动南昌“流量”变“留量”、“网红”到“长红”的对策建议

南昌文化旅游产业发展保持良好势头，面对新时代人民日益增长的美好生活需要的新形势，仍然面临着新的机遇和挑战。为更好推动南昌“流量”变“留量”、“网红”到“长红”，建议从打造“天下英雄城”文旅产品新体系、提升文旅服务新体验、促进文旅组团新发展、树立城市治理新标杆、塑造城市人文新形象出发，持续擦亮“天下英雄城”金字招牌。

（一）产品出彩，打造“天下英雄城”文旅产品新体系

聚焦让游客慢下来、留下来，拓宽旅游资源融合发展通道，着力形成上下游产品有效衔接、产业链条完善的良好局面。一是突出市场需求，让游客“玩得乐”。支持重大文旅项目招引落地，对新建国际、国内知名 IP 文化旅游项目，运营满 1 年的给予一次性奖补；对重要文化旅游项目，采取“一事一议”方式予以政策扶持。针对夜间旅游等弱项，鼓励有条件的 A 级景区开展夜间游览服务。鼓励“孺子书房”等公共图书馆、美术馆、博物馆、文化馆结合实际，在二三季度夜间延时开放，在节假日实施 24 小时开放。优化夜间消费公共交通线路设置，延长旺季公共交通运营时间，推出旅游旺季公交、地铁在每日 21 时后“一元通城”服务。深入挖掘“潮色”旅游，创新推出包含军事、演出、玩乐、电竞、餐饮、旅拍、展览等体验元素在内的“景区+”“酒店+”文旅产品，将单一的景点向各类产品组合拓展。利用南昌 VR 产业优势，丰富 VR 文化游历产品，让游客体验南昌“海昏侯”等古色文化、“八一”等红色文化魅

力。引导产业基金投资文化旅游产业，适时加大对文旅产业以及酒店、旅行社等延伸产业的支持力度。二是突出大众消费，让游客“玩得起”。当前，消费者更加注重理性消费，更加关注旅游服务的性价比，“是否划算”是大部分消费者的主要选择标准。要加强对餐馆、酒店、景点等价格引导，让消费者在热游南昌的同时，在吃、住、游、行上舒心放心，让更多的年轻人、中年家庭、组团老人等各类团体有愿意、有能力来南昌消费。进一步推广湿地公园荧光夜跑、摇尾露营区等“低消费”，完善乡村近郊、养生休闲等“慢消费”特色旅游。持续与银联、相关金融机构等共同推出特惠商户折扣、消费满减、积分奖励兑换、票价优惠等惠民行动。三是突出数字宣传，让游客“玩得来”。积极对接“一部手机游江西”等全省旅游工程，用好抖音、微信公众号、小红书等线上宣传平台，加快推进全市景区智慧化建设，为游客提供旅游资讯、旅游攻略等，推出更加便捷和个性化的旅游服务。探索构建网络推荐“金字塔体系”，支持主流新媒体社交平台发布宣传推介南昌文化旅游原创作品，邀请网红达人、潮客名家来南昌旅游并发表点评文章和推介动态，对点赞数或者转发超过一定次数的，最高给予作者现金奖励。推动周边省会城市高校师生来南昌旅游参观，并推广“免票月”“免票周”“消费券”等活动，提升文旅品牌影响力。

（二）服务暖心，提升“天下英雄城”文旅服务新体验

秉持亲民、柔性的城市“微治理”理念，回应民声呼吁、践行务实作风，努力化城市“创红”为“长红”。一是提高城市承载能力。推广湾里蟠龙峰景区观景平台经验，探索在秋水广场等人流量大的景点，搭建临时性观景台。支持景点周边酒店、药店、商场等提供免费茶水、看护行李、开放卫生间，预留停车位等服务，探索机关事业单位节假日提供免费停车。做好景点运力评估，实施热门景点“提前预约、错峰错时”，推进改造道路、增设休息座椅、垃圾桶、停车场等项目，在节假日视情况增设“奇遇巴士”“网红打卡铛铛车”等专线，最大限度地增强承载能力。二是传递有人情味的服务理念。聚焦市场监管、交通、卫生环境、公安、城管等城市治理核心部门，在依法监管、公正执法的基础上，探索对一般违法行为实施审慎监管和容错纠错机制，对轻微违法行为免予处罚，实行人性化管理。加强游客权益保护，支持各县区建立赔偿先付、无理由退货等制度。积极争取纳入国家城市社区嵌入式服务设施建设工程，不断提升城市温度。三是挖掘人文历史魅力。支持各地通过歌曲、舞蹈、短视频、网络小游戏等方式，大力深挖本地名人、名胜等文化资源背后的故事，提炼整合人文、历史、地理等要素，展示城市独特魅力。加快文化资源向旅游产品转化，鼓励企业开发独特的创意性产品，将包含景观资源、空间场地等在内的旅游产业价值链活动延伸到文化创意产业中，提升旅游的文化感染力和吸引力。

（三）组团扩容，促进“天下英雄城”文旅组团新发展

深入挖掘和有效整合南昌各地“红”“古”“绿”等文旅资源，突出发挥“天下英

雄城”品牌效应，加快各地联动组团发展。一是县区组团。发挥南昌都市圈“带头人”作用，支持区位相邻、业态相近的县区发挥特色优势，协同打造文旅品牌集群。例如，推动安义县和靖安县联合用好古色、绿色文化资源，打造宜养、宜居、宜游的旅游业态；推动南昌县与鄱阳县聚焦乡村产业发展、休闲观光农业发展等领域，拓宽农村旅游交流合作，实现互利共赢。鼓励县区联合开展文旅产业招商引资推介活动，组织本地文旅企业参加国内外旅游展，展示南昌优秀文创产品与旅游商品，加大景区旅游线路推广和品牌营销，实现旅游资源、产品、市场、信息、客源共享。二是地市组团。着力与其他设区市跨市域联合推出精品文旅路线。例如，依托山水资源，联合九江、鹰潭、上饶等连点成线扩面，开展“读万卷书行万里路”文化主题旅游推广活动，依托文物、非物质文化遗产、历史名人、典籍等文化资源，以及生态露营、户外运动、森林康养等生态资源，设计推出一批人文生态主题旅游线路，共同打造自然人文生态旅游体验带；加快推进陆军博物馆项目建设，依托“八一”品牌、军事博物馆等红色资源，联合赣州、吉安等开展具有江西特色的红色旅游研学活动，打造面向全国的红色旅游首选地。三是跨省组团。增强跨省文旅品牌资源互动，与省外部分城市结合重大赛事以及精品赛事等体育赛事，设计特色旅游线路，组织开展促消费系列活动。依托长江中游三省文旅合作基础，联合武汉、长沙开展旅游宣传、市场营销、产品开发和品牌塑造，探索建立客源互送、定期交流等常态化机制，打造中三角旅游名片。

（四）治理出众，树立“天下英雄城”城市治理新标杆

持续优化市场秩序、生态环境，推动全市营造友好型社会，不断满足游客对美好生活的向往，推动南昌文旅可持续发展。一是全力稳定市场价格。积极引导文旅行业加强行业自律，主动承担社会责任，提升服务意识，通过发布提醒告诫书、组织座谈会等形式，要求住宿餐饮、交通运输、旅游景点景区等明码标价，严厉查处节假日哄抬物价“宰客”行为。二是营造良好旅游环境。加强食品安全监管，对餐饮单位开展全覆盖监督检查，增加错时检查、“夜查”比例，探索开展线上线下同步联合整治，适时开展“回头看”。注重八一广场升旗仪式、烟花晚会等活动的事前、事后环境保护和监管，通过发放免费垃圾袋、塑料瓶换特色纪念勋章等方式，引导游客注重环境保护。三是做好预警预期管理。要引导地方干部靠前指挥，统筹部署节日期间安全防范工作，开展节假日热点景区前置风险评估，拿出切实可行的各类预案。加强政策宣传阐释，跟踪线上舆情变化，及时回应争议。例如，哈尔滨冰雪大世界开园第一日遭游客投诉，相关舆情很快冲上热搜，文旅局及时督促景区优化接待安排，园区连夜整改，成功转危为机。通过分时段预约、退票动态回池、弹性增加预约名额等措施，提升购票预约参观便利化服务。研判客流量接待能力，尽早告知游客交通阻塞、停车难、排队时间长等问题，合理布局自驾车、旅居车、停车场等服务设施。

（五）品牌传播，塑造“天下英雄城”城市人文新形象

坚持守正创新、自信自强，着力增强广大市民的城市自豪感，努力塑造开放包容、大气谦和的人文印象。一是提升城市自信。改善大型商圈、城市综合体等文化休闲环境，突显“中华老字号”“南昌老字号”“国货潮品”等元素，充分展现南昌集文化旅游商贸于一体化的品牌自信。充分发挥政府主导力量和市民主体力量，加强城市人文精神建设与培育，推动全体市民提升“自信、发奋、齐心”的精神状态，打造由内到外的“人和”氛围，彰显南昌英雄城的应有气概，为南昌文旅发展汇聚合力。二是树立城市服务口碑。着重在出行（如出租车、地铁站）、餐饮服务、景点等对外宣传重点行业加强培训，提升从业人员服务意识和城市认同感，建立服务质量反馈热线，对广受好评的项目予以表彰或现金奖励。加强城市知识培训，让从业人员能够回答游客“看什么、吃什么、玩什么”的问题。三是塑造城市品牌形象。持续唱响“物华天宝 人杰地灵 天下英雄城”城市品牌，拓宽宣传推广渠道，由政府部门制定把关南昌旅游宣传手册、旅游产品线路图、网红景点/餐饮打卡攻略等，企业出面做全方位宣传，并在热门景区、人流量大的地铁站、火车站出口等地专门免费放置相关手册，营造热情好客、周到服务的城市形象。在元旦、春节、“五一”、国庆等旅游黄金周时期，倡导本地居民“让利于客、让路于客、让景于客”，引导全市人民为城市文旅“代言”。

让职业教育技工教育“有学头、有盼头、有奔头”的对策研究

习近平总书记强调“职业教育前途广阔、大有可为”，“要重视发展职业技术教育”，“加快构建现代职业教育体系，培养更多高素质技术技能人才、能工巧匠、大国工匠”，在江西考察时也提出要大力发展职业教育的殷切要求。江西省委深化改革委员会第二十五次会议将职业教育技工教育改革作为 2023 年 6 项重点突破改革事项之一，聚全省改革之力进行重点攻坚。当前，全省上下结合自身实际创新推进职业教育技工教育改革，探索形成 28 项制度创新成果，其中 6 项具有全国首创性，获得国家高度肯定，但也面临不少现实问题和困难挑战。课题组深入有关部门、学校、企业展开专题调研，梳理了若干关键问题，并提出对策建议。

一、如何充分调动有关政府部门和学校高质量办学积极性，让职业教育技工教育“有学头”

截至 2023 年底，全省共有高职院校 66 所（含职教本科学校 3 所），在校生人数 74.61 万人，专任教师 2.89 万人，“双师型”教师占比超过 50%。全省具有中等职业教育招生资格的学校 339 所（含技工学校 119 所），在校生人数 80.38 万人（含技工学校 24.68 万人），专任教师 3.58 万人（含技工学校 1.4 万人）。调研发现，江西职业教育技工教育面临吸引力不强、服务产业高质量发展能力不强等诸多症结现象，根本上还在于江西职业教育技工教育培养质量整体不高。职业教育技工教育同产业发展“契合度”较低，先进制造业相关专业少，如电子信息产业缺口率为 74.8%；毕业生能力素质与人力市场需求不匹配，职业教育技工教育与企业真实生产经营脱节的现象较为普遍，学校培养的人才不能完全满足企业的实际需求；职业学校、技工院校“小、弱、散”问题较为突出，全省纳入达标工程监测范围的 398 所职业学校、技工院校中，完全达标的仅有 38.2%。

江西省委、省政府领导亲自谋划、高位推动，推动职业教育技工教育改革取得了明显成效，出台了江西深化职业教育技工教育改革服务产业高质量发展的若干措施，明确到2025年的目标方向和重点任务，并召开全省职业教育技工教育改革工作现场会，进一步统一思想、明确要求、压实责任；形成“10+10+10”校校、校企、校培合作机制，成功引进一批优质外部资源；深入推进职业学校办学条件达标工程，建立了动态专业调控机制，提升了专业设置与产业需求匹配度。调研发现，尚有不少基础性问题有待解决，尤其是在政府职业教育技工教育管理体制机制方面。一是存在部门多头管理。职业教育技工教育管理体系不统一，分属教育和人社两个政府部门，且行业部门管理院校较多。例如，省直27所公办技工学校分属16个部门，这也导致了资源难以整合、政策难以集成、投入难以集中。二是考评机制有待健全。职业教育技工教育质量评价仍处于碎片化的摸索实践，同时，还没有对职业学校、技工院校及有关举办政府或部门，建立全省统一、规范的考核评价指标体系和成果运用机制，导致了有关地方、部门和学校动力不足、方向不明。三是办学经费投入不足。江西职业教育技工教育投入主要来源是生均拨款和学费，难以完全满足办学需要，且低于全国平均水平，此外，没有建立差异化生均拨款制度和学费标准，这使有些学校存在低水平扩大办学规模的倾向。

为此，就完善江西职业教育技工教育管理体制机制，进一步提升关键办学能力，让学生真正“学一技之长，立一生之本”，建议：一是强力推进职业教育技工教育资源优化整合。将江西公办职业学校、技工院校分别统一划归教育部门、人社部门集中管理。打破地域、领域界限，大力推进公办学校重组整合、优化布局，集中力量建设一批规模较大、与本地主导产业高度契合、特色鲜明、示范作用强的职业学校、技工院校。二是尽快建立全省统一的职业教育技工教育考核评价体系。与毕业生第一年的薪资水平、“双师型”教师比例、专业与经济产业结构匹配度以及校企、校培、校校合作成果等关联，建立全省统一的职业技工考评指标体系和成果运用机制。拓宽选人用人视野，加强公办职业学校、技工院校主要负责同志选配力度。三是建立差异化的办学激励政策体系。进一步完善教育、财政、税收、土地、信贷等政策，充分调动政府和学校高质量办学的积极性，分阶段推进职业教育技工教育常规性拨款的改革，特别是争取在明年招生季前启用基于专业大类的差异化生均拨款制度和学费标准。

二、如何充分调动各类企业参与产教融合积极性，让职业教育技工教育“有盼头”

产教融合既是现代职业教育技工教育的基本特征、最大优势，也是江西职业教育技工教育改革的重点与难点。例如，江西规模以上企业 1.7 万余家，但产教融合型企业仅有 122 家，占比仅为 0.72%。近年来，江西省委、省政府在促进产教良性互动、发挥政行校企协同育人作用方面做了大量工作，构建了一系列产教联合体，取得了积极成效。例如，入选国家级市域产教联合体，构建虚拟现实等全国行业产教融合共同体，建设一批现场工程师产业学院和现代产业学院。当前，江西产教融合“校热企冷”“合而不深”现象较为普遍，一些地方和学校以协议型劳务用工合作为主。据相关调研成果，2020~2022 年新余市各高校订单班开设均有所减少。

这背后有多方面原因，究其关键还在于一些政府部门和学校对企业的期望理解不透、需求掌握不够，没有因势利导找到利益汇聚点。体现在三个方面：一是有些政府部门和学校更关注提升教学质量，相对忽视企业的实际用工需求。在校企合作中，企业更关注的是投入了人力、物力、财力，培养的人才能不能为企业所用，而有些政府部门和学校更关注的是企业如何参与人才培养、师资培训，对学生职业发展规划与合作企业的契合度关注不足，对学生就业预期引导不够，导致不少学生并没有到协议企业就业，或者直接到省外工作。二是有些政府部门和学校更关注增加办学投入，相对忽视企业的稳健经营需求。一些政府部门和学校更寄希望于企业加大对重资产的基础建设的投资，弥补财政投入不足，并借此压缩开支，而企业希望获得及时的回报。同时，涉及经费、设备等方面的合作，有些公办学校担心国有资产流失，顾虑较多，产教融合难以有效“破冰”。三是有些政府部门和学校更关注促进即时就业，相对忽视企业的转型升级需求。一些政府部门和学校把职业教育技工教育等同于单纯的就业教育，把产教融合的重点放在尽快把学生“送”出去，而没有放到本地区人力资源建设的高度去系统谋划，未能结合行业或企业自身转型升级对人力资源的需求而进行“量体裁衣”，没有重视相关支持配套保障体制机制的建设和执行。例如，缺少共享共用的校企常态化沟通平台。

为此，就完善政府、行业、企业、学校协作机制，提升产教融合激励政策精准性、操作性，让江西产教融合型企业真正尝到甜头、得到实惠。建议：一是深化细化实化产教融合激励政策。出台职业学校、技工院校产教融合负面清单，特别是明确涉及经费、设备等方面合作的相关事项，鼓励在负面清单外开展“一校一企一策”的探索。制定操作性强的配套激励政策，细化实化校企合作后的资金补助、税费减免、营收分配、信贷支持等优惠事项，充分发挥企业在产教融合中的重要办学主体作用。二是探索开展职业教育技工教育股份制、混合所有制改革。结合全省公办教育资源优化整合，推动优质企业利用资本、技术、知识、设施、设备、场地和管理等要素，对公办学校进行股份制改革或混合所有制改革，并让各类企业享有相应的权利，推动职业教育技工教育与行业进步、产业转型捆绑在一起。三是建设一批开放型区域产教融合实践中心。依托行业产教融合共同体和市域产教联合体，通过政府搭台、多元参与、市场驱动，建设一批集实践教学、社会培训、真实生产、中试测试、技术服务、成果转化以及产教融合信息共享与沟通等功能于一体的开放型区域产教融合实践中心，让各类企业轻装上阵、快速享受“参与—反哺”的产教融合红利。

三、如何充分拓宽学生成长成才通道，让职业教育技工教育“有奔头”

按照党中央政策要求，普通教育和职业教育具有同等地位，两者既不是平行的，也不是对立的。在调研中，课题组时刻都能感受到，“矮化”“窄化”职业教育技工教育的传统认知在江西还是根深蒂固的。“普通学历教育备胎论”“职业教育技工教育=差生教育”等错误观点，不仅广泛存在于学生家长、社会公众之中，甚至还存在一些政府部门工作人员、学校管理人员和老师当中。这些错误认知与部分学校“招生质量差—培养质量差—就业质量差—招生质量更差”被动循环的现实困境反复交织、相互印照，成为当前制约职业教育技工教育高质量可持续发展的现实痼疾。

这些现象问题的背后，是江西职业教育技工教育学生持续发展存在“天花板”，让不同禀赋和需要的学生能够多次选择、多样化成才的途径不完善。突出表现在三个方面：一是职业教育技工教育整体办学层次低。江西高职专科办学惯性现象长期存在，全省本科层次职业学院只有3所，且公办的为0，职教本科招生专业少、计划数少、吸引力弱。宜春等7个设区市没有技师学院。办学层次低带来了诸多现实问题，如难以满足产业升级对高层次人才的迫切需要，使职业教育技工教育“口碑”难以提升等。二是职业教育技工教育学生升学通道不畅。江西“职教高考”相关改革滞后，中职、高职通往本科职业院校和普通本科的通道还未畅通，中职毕业生进入高职院校、本科院校升学深造比例过低。这使多数职业教育技工教育毕业生最高也就是大专学历。在唯学历倾向的就业市场里，开始就输在起跑线上。例如，江西工程学校有一个钻探专业方面的国家级大师工作室，因毕业生学历问题学生无法去好的企业就业，招生萎缩并导致国家级大师工作室被取消。三是技术技能人才成长序列不完善。大部分职业（工种）的最高等级为高级技师，同时缺乏评价体系和继续教育体系，使技术技能人才与专业技术人才的贯通发展成效不明显。

职业教育技工教育体系的“天花板”问题也是全国普遍面临的难题。江西作为部省共建国家职业教育创新发展高地省份，理应立足打造职业教育技工教育改革“江西样板”，先行先试、大胆探索，建立多形式衔接、多通道成长、可持续发展的梯度职业技术教育和评价体系，畅通技术技能人才职业发展通道，构建让学生和家长选择职业教育技工教育、用人单位依靠职业教育技工教育的良性循环。为此，就让职业教育技工教育成为江西广大青年打开通往成功成才大门的重要途径，建议如下：一是完善高层次职业教育技工教育培养体系。立足服务江西传统产业改造升级、新兴产业发展壮大、未来产业抢位布局，把本科及以上层次教育作为提升关键办学能力的重中之重，大力推动高职院校升本和申办技师学院，积极发展研究生层次的职业教育，尽快形成中职、高职、本科、专业学位研究生无缝对接的培养体系。二是构建职普协同发展的一整套政策、制度体系。围绕打破职业教育技工教育和普通教育的界限，特别是学历学籍限制，制定一整套专门的政策制度体系，深化考试招生制度改革，让这两种教育类型“双向奔赴”，为学生在不同成长阶段提供多样化选择。在畅通两者间升学通道上要先行示范，打通江西优秀职业教育技工教育毕业生进入南昌大学等省内高水平大学的升学通道。三是改革技术技能人才评价制度。打通技能人才职业资格与专业技术人才职称间的转换渠道，探索建立由初级工、中级工、高级工、技师、高级技师、特级技师和首席技师构成的职业技能等级（岗位）“新七级工”序列，让职业教育技工教育毕业生获得更多职业发展。四是全力提升技术技能人才社会认可度。在市县试点先行构建“技能型社会”，把高技能人才和高学历人才摆在同等重要位置，立法打破职业教育技工教育内部循环和毕业生身份固化等问题，在薪资、待遇、住房、子女教育等方面建立健全支持保障体系，推动全社会关注、参与、支持职业教育技工教育改革发展。

深入推进以县城为重要载体的新型城镇化实施江西“强县域”战略研究

县城是我国城镇体系的重要组成部分，是城乡融合发展的关键支撑，对促进新型城镇化建设、构建新型工农城乡关系具有重要意义。建议加快壮大县域经济实力、增强城镇承载能力、加强生态文明建设、改善人民群众生活、提升社会治理水平，推动县城补短板强弱项，提升县城综合服务能力，助推县域经济高质量发展。

一、“强县域”是以县城为重要载体的新型城镇化建设的战略牵引

县域的地理空间由县及其管辖的乡镇、村庄构成，县及其所辖区域的经济、社会、政治、文化、生态发展状况构成整体发展格局。当前我国的县域面积占全国面积的93%。为解决我国经济发展不平衡不充分的问题，要认识到“强县域”战略是以县城为重要载体的新型城镇化建设的战略牵引。

（一）从历史看，以“强县域”战略引领新型城镇化建设符合城镇化中后期阶段的客观规律

1. 国外新型城镇化建设路径

国外新型城镇化建设主要有两条路径：一是市场与政府相结合城镇化。欧洲发达国家主要是注重市场主导和政府调控相结合。欧洲发达国家的城镇化起步较早，英国是城镇化最早也是城镇化程度最高的国家之一。英国工业革命促进了农业现代化，农村出现了剩余劳动力，而工厂设立大量就业岗位，吸引农村劳动力涌入，促进大城市人口迅速增加，城镇迅速发展，后续英国颁布相关法律法规对城镇化进行引导，英国城镇化走在世界前列，市场机制起了主导作用，政府调控进一步促进城镇化发展。二是放任自由式城镇化。美洲国家缺乏规划和调控，美国、拉美国家均放任自由式城镇

化。美国在“二战”后人口不断增加并向城市外围迁移，大城市不断向郊区扩张、蔓延，由于城市建设缺乏规划，造成土地资源严重浪费、大量的自然资源被消耗，城市生活、生态环境持续恶化。

国外相对成功的城镇化发展一般经历了三个阶段：城镇化水平在30%以下是发展较慢的初期阶段，城镇化水平在30%~70%是加速发展的中期阶段，城镇化水平在70%以上是发展速度趋于缓慢的后期阶段。城镇化发展也具有规律性：一是政府与市场在城镇化进程中发挥双重作用；二是城镇化与产业演进紧密相关，早期工业化促进城镇化，中期工业化城镇化同步发展，后期城镇化依靠非工产业支撑；三是县域与大都市的发展同步进行。发达国家城镇化基本经历了从中小县域到大城市、大都市的发展过程。最终由于大城市城区人口过于密集、生活质量下降等一系列弊端和问题，出现了人口郊区化、大城市外围卫星城镇布局分散化的趋势，小城镇开始建设发展。

2. 国内“强县域”战略引领新型城镇化建设

我国建设城镇化的路径是以政府主导、市场参与的模式，相较于欧洲发达国家，政府调控力度更大。当前，我国城镇化率已达64.72%，大城市普遍已经超过70%，深圳等地更是超过90%，新型城镇化进入中后期阶段，特大城市、一线城市人口增长基本趋于平衡，县城对于新型城镇化增量的贡献和作用越来越大。据统计，全国1800多个县城集聚了60%以上的户籍人口，创造了近40%的GDP总量，在扩大内需的新时代背景下可谓举足轻重。一般而言，城镇化率在30%~70%为加速阶段，超过70%即进入成熟阶段。然而我国县域的城镇化率不到40%，低于平均水平，更远低于大城市，还有相对较大的增量发展空间。县城是经济、产业、人口的集聚核心，决定了城镇化中后期阶段城镇人口增量，所以县域越强，新阶段城镇化越快，质量越高。

（二）从理论看，以“强县域”战略引领新型城镇化建设有利于城乡要素合理、高效流动

1. 做大做强特色产业

我国不同县域处在不同发展阶段，立足县域实际，确保县域特色产业发展的连续性，促进县域特色主导产业品牌化、高端化、集群化、数字化发展。一是确定县域产业功能定位。结合地方资源禀赋和发展基础，深度挖掘当地区位、交通、市场潜力，深化产业结构调整，以本地特色产业为核心支柱产业，建立区域协同产业关联、循环，最大限度地发挥资源效用。二是围绕县域主导产业培育龙头企业，构建县域产业链延链、补链、强链，发展现代化产业园区，打造一批专业程度高、规模大、配套好的特色县域产业集群。三是推动县域数字化转型升级，在产业建设的过程中结合数字化、智能化趋势，推动传统基础设施数字化、信息化升级。

2. 县域经济创新发展

县域通过创新驱动实现县域经济的高质量发展。一是产业转型升级，推动县域特

色产业技术创新能力提升，加大产业关键技术推广应用，农产品主产区发展农业高新技术产业，重点生态功能区科学有度有序开发。二是强化创新主体，推进中小企业科技创新，发挥政府在科技创新中的主导作用，建立争先创优的长效机制，强化企业科技创新主体地位，培育科技型中小企业、科技小巨人企业、科技领军企业等，激活县域创新发展动能。三是引进创新人才，引入领军人才推进高校、科研院所和企业间产学研协同创新，推动成果转化，推行特派员制度，高校、科研院所特派员到县域对接服务企业、合作社等经济主体。

3. 畅通县域物流网络

城乡物流是现代流通体系的重要组成部分，推进县城为重要载体的城镇化建设，有利于便利消费品流通、促进农业消费升级、完善县域消费体系。一是加快完善县乡村三级物流配送体系，我国推进“通道+枢纽+网络”物流运行体系建设，2022 年末，农村投递路线达 10.4 万条，农村投递路线长度（单程）414.7 万千米。二是加速推广智慧物流，建造智慧物流园，提升配送时效，降低物流成本，缩短县域内农产品上行、工业品下行距离。三是打造消费品冷链物流通道，拓宽仓储保鲜冷链物流业务，加强大中型农产品市场冷链物流设施的升级改造，在特色农产品主产区配备预冷、初加工、冷链运输等设施。2022 年末，我国冷链物流市场规模达 4916 亿元，同比增长 7.2%；冷链市场需求总量突破 3.2 亿吨，同比增长 6.6%。

（三）从现实来看，以“强县域”战略引领新型城镇化建设顺应了人民的美好生活需要

1. 促进流动人口向县城聚集

推进以县城为重要载体的城镇化建设，有助于整合县城资源，更多地促进人口向县城流动、产业在县城互动、居民需求在县城满足。一是加强对我国的公路、铁路等基础设施建设，实现多地市通高铁、县县通高速，缩短各地的通达时间。2022 年末，全国铁路营业里程 15.5 万千米，其中高铁营业里程 4.2 万千米，投产新线 4100 千米；全国公路里程 535.48 万千米，比上年末增加 7.41 万千米。二是随着 4G、5G、宽带等网络基础设施在全国上下普及，打破地缘、区位、行政级别带来的信息壁垒，缩小大中小城市的信息差距，传统业态的平台化让县城人民享受到消费升级的便利。三是新业态、新平台带来更多的商机。大城市的产业向劳动力充足且成本更低的县城导入，城市的商业模式和新业态在县城复制发展。互联网的兴起加大县城的创业之风，带动本地产业发展，更多的就业岗位吸引外出务工人员返乡。

2. 促进县域完善公共服务

县城作为乡村居民消费、就医、就学的首选地和主要承接体，健全公共服务设施是人民美好生活的重要保障的一环。一是有利于适应农民日益增加的到县城安家的需求，缩小城乡社会保障差距。完善医疗卫生体系，增加医疗机构、床位、执业医师、

护士数量，增强医疗服务体验；扩大教育资源供给，新建、扩建中小学、幼儿园，化解“大班额”；发展养老托育服务，居家养老和养老院相结合，增加托育机构数量；优化文化体育设施，建造公共图书馆、美术馆、博物馆等，增加开放时间，新建足球场、篮球场等体育设施。二是有利于推进县城公共服务向乡村延伸、覆盖。整合县城资源，发展乡村旅游，建设乡村公路，健全县乡村三级物流体系，推动资源要素下沉，完善乡村医疗卫生服务建设，推动县域医共体建设，推动不同级别医疗机构信息互通、远程会诊、转诊。三是有利于强化县域与城市的互补、配合。推进县城与邻近大城市一体化、差异化发展，实现市与城功能互补、合作共赢。推进区域合作，通过共建产业园区与飞地等合作平台，促进项目本土化，实现县域跨越式、赶超式发展。

二、江西省内三个全国县域新型城镇化示范县的建设情况分析

（一）取得成效

1. 培育发展特色产业，产业支撑不断强化

南昌县坚持工业高质量发展，形成以汽车及新能源汽车、绿色食品、生物医药为支柱产业，以集成电路、智能装备制造、新材料新能源为新兴产业，以5G、VR、大数据等为重点培育产业的“3+3+N”的产业格局。以小蓝经开区为龙头，向塘陆港为引擎，武阳装配式建筑产业园、千亿建筑科技产业园、南新滨江工业园等为支撑的“一区一港、多点支撑”产业布局基本成型；金湖科创谷、富山高新技术产业园等创新平台建设深入推进。依托陆港型国家物流枢纽运营网络，推动跨区域冷链班列开行，拓展冷链集装箱班列运输组织功能，打造我国区域性国际冷链物流组织中心。凤凰沟景区成功入选全国“非遗旅游景区”，原城纪·南昌城市文化街区成功创建国家AAAA级旅游景区，塘南工控·陌上园成功创建省AAAA乡村旅游点。

奉新县着力构建绿色工业体系，抢抓新能源（锂电）产业发展风口，把锂电新能源作为首位产业全力推进，2022年新能源新材料产业实现营业收入412.93亿元。以园区平台建设促产业提质增效，建成面积约12平方千米的高新技术产业园，拥有2个国家级研发与服务平台、7个省级研发服务平台、15个市级技术研究中心及创新团队。积极推进县域快递物流体系，统筹快递物流园和灏天直播基地、英创传媒两大电商项目建设，推动形成特色鲜明、产业链完整、服务体系较完善的物流产业集群。推进农贸市场新建改造、乡镇商业中心升级改造，基本形成购物中心、商超、商业街三大主

力商业形态，现有购物中心 1 个、大型超市 5 个、步行街 1 条。

吉安县高标准规划城北新区，全力打造城南大企业组团，推动新型产城融合示范区建设。商贸流通网络扩大优化。推动中通快递二期、智吉达物流园投产达效，加快建设数智物流产业园，开工建设大冲乡蔬菜冷链物流供应产业园、登龙乡（龙岗）冷链物流项目。消费基础设施日趋完善。形成以电子信息产业为首位产业和智能制造、新能源新材料、生物医药大健康三大主导产业比翼齐飞的产业发展新格局。产业平台提能升级。持续优化县城商业布局，实施高品质商业街区和夜间经济街区创建工程，提升改造汇金夜市经济街区，完善县城商业综合体、乡镇商贸中心、村级便民商店三级网络。

2. 完善市政设施体系，运行基础不断夯实

南昌县推进干线公路网建设，3 年投入 30 亿元新建改建 14 条道路，畅通城市路网循环，提高与南昌市区互联互通水平；新增公共停车泊位 9600 余个。完成 13 个海绵城市项目建设，建成海绵城市面积 13 平方千米。投入 1.9 亿元，改造房屋 124 栋，惠及居民 3079 户；莲塘街上、银湖霞山等 13 个安置房项目加快建设。建设综治中心综合指挥平台，建成 42 个“智慧平安小区”、23 所智慧平安学校、3 家智慧平安医院。投入资金 1.18 亿元，完成 19 个、总户数 5010 户老旧小区改造，改造面积 52.99 万平方米。

奉新县积极推进“四好农村路”建设工程，新建改建 G354 奉新绕城段公路、狮山大道东延伸段、长乐大道、黄沙港三桥、文峰步行桥等路桥设施；新增停车位 4075 个，分散配置充电桩 126 根。城乡供水一体化工程建成运行，新建供水管道 106.78 千米，供水普及率达 82.47%；新建燃气管道 5.61 千米，燃气普及率达 96%。已建成 5G 基站 492 个，每万人拥有 5G 基站 16.4 个，县城具备千兆网络接入点达 1.3 万个，建成安全环保应急智慧管理平台、“智赣 119”消防物联网、“四好公路”信息化、雪亮工程等新基建项目；大力推广医保电子凭证，全县定点医药机构医保电子凭证接入率达 100%。

吉安县共实施改造道路总长 6.6 千米，完成庐陵大道至曲濑桥、曙光路至君山大道改造提升，新增停车位 700 余个。老旧小区旧貌换新颜。加快燃气管道更新，城区燃气安全保护装置基本加装到位；建设城市防洪堤 13.3 千米，县城排水防涝（一期）工程即将竣工。城市智能化程度明显提高。持续推进棚户区改造，2022 年投资约 8 亿元，实施 1 个续建、2 个国有工矿、2 个配建安置房及 6 个新开工城市棚户区改造建设工程。防洪排涝及管网设施完善提升。实施数字政府建设三年行动计划，加快文化云、图书馆、博物馆数字化建设，加强“雪亮工程”、智能安防小区等社会防控体系建设，落实“1、3、5 分钟”快速响应机制。

3. 强化公共服务供给，民生保障不断改善

南昌县“四卫一体”项目完工，江西长天医养中心建成试营业；推进医保参保扩面，全县参保 95.58 万人，参保率达 95.82%。落实农民工随迁子女入学和转学政策，

进城务工人员随迁子女1万余人在公办学校就读或享受政府购买学位服务。

奉新县人民医院医技大楼、社区卫生服务中心建成投入使用；县人民医院上富分院主体已完工；县中医院整体搬迁正在进行地下车位和人防施工作业；县人民医院门诊大楼改造有序推进。加大教育办学投点；县乡两级社会工作站全面建成运行。

吉安县推进健康吉安建设，横江卫生院整体搬迁项目主体完工，前岭卫生院竣工投用，县人民医院“三大中心”完成建设，第三人民医院等项目正在推进。教育资源供给持续增加。

4. 加强文化和生态环境保护，人居环境不断提升

南昌县莲塘镇3处公园附属建筑公布为南昌县第一批历史建筑。投入1亿元县财政资金强化农村生活污水治理，80个村庄生活污水治理项目全面竣工。深入推进生活垃圾分类管理，八月湖芳湖苑等32个小区完成生活垃圾分类服务外包。健全垃圾分类收运体系，推进15座生活垃圾中转站升级、改造成分类转运站，完成5个物业小区垃圾分类试点。污水收集处理能力明显提升。加快推动农业转移人口进城落户，全县城镇人口增速明显，城镇化率63.25%，较2020年提高1.46个百分点。统筹推进城乡社会保障体系建设，全县城乡居民养老保险参保人数累计46.51万人。实施“财农信贷通”，引导金融资本向乡村产业倾斜，25个乡村产业融合发展项目成功签约，总投资达7.48亿元。深化农村宅基地改革，共调查农房16万余户，拆除违章房和危旧房涉及面积10万平方米。新增城市公园、休闲空间3个，打造“一刻钟便民生活圈”，持续做好城市主干道“绿增彩”工作，完成东岳大道小游园等3处邮票绿地建设。

奉新县确定12处历史建筑。文峰公园、信园景观公园、应星公园等一批城市公园项目建成投入使用，龙湖最美岸线等项目陆续建设完成。投资2.37亿元建成生活垃圾焚烧发电项目，年发电量8160万度。积极推进县城管网“雨污分流”，新建改造雨污管网36.9千米，县城市污水处理厂完成搬迁并扩容提标。扎实做好农民工就业工作，新增转移农村劳动力3600人以上；统筹衔接城乡低保、医疗救助等社会救助制度。地方政府新增债券资金10.31亿元，发放“财园信贷通”“知识产权质押融资”等贷款共计4.51亿元。盘活闲置土地，在洗沙地块、沙溪地块、新老居地块等进行棚改建设及商品房建设。

吉安县改造面积百亩以上城市公园2座，修复公园绿地面积达50万平方米，治理水系5.6千米；禾河滨江绿廊等项目已建成。垃圾收集处理体系更加健全。建成县城污水处理厂，为县城建设提供政策保障。农业转移人口市民化机制日益完善。提高城乡低保、特困供养、抚恤补助等保障标准，依法保障农民工均等享有公共服务。多元可持续的投融资机制不断健全。完成投融资平台资产整合，壮大资产规模，争取专项债9.75亿元。集约高效的建设用地利用机制加快建立。划定1片历史文化街区，确定64处历史建筑。城市生态更绿更美。推进“标准地”供地工业园区“盘活存量求增量”行动，动态储备标准厂房50万平方米以上，整治闲置低效用地866亩。

（二）存在不足

对照建设示范要求，总体上来看，三个示范县在功能定位、产业支撑、要素保障、体制机制等方面还存在问题，加快推进建设示范县面临不少困难。

1. 功能定位不明确

对照国家有关要求，三个示范县在科学把握功能定位，分类引导县城发展方向方面还有差距和不足。例如，南昌县作为大城市周边县城，应强化快速交通连接，发展成为与邻近大城市，即南昌市通勤便捷、功能互补、产业配套的卫星县城。但南昌县城市快速交通连接不足，该县南北向、东西向公路货运都依靠105国道、320国道，县区与市区货运通道不完善，南昌市地铁3号线、4号线虽然经过南昌县辖区范围，但轨道线网覆盖率不足，服务能力有限，且无法通过轨道线路与西客站和机场等重大交通枢纽的直接相连。奉新县作为农产品主产区县城，应延长农业产业链条，做优做强农产品加工业和农业生产性服务业，更多吸纳县域内农业转移人口，为有效服务“三农”、保障粮食安全提供支撑。但该县农业现代化发展进程相对滞后，尤其农业龙头企业不强、产业链条较短、产业集聚度不高。吉安县作为专业功能县城，应培育发展特色经济和支柱产业，强化产业平台支撑，提高就业吸纳能力，但该县大多数企业生产依然以初级产品为主，产品终端、产业高端的龙头企业不多，产业规模和竞争能力仍处在较低水平。

2. 产业发展动力不足

三个示范县立足自身优势和产业基础，加快培育发展特色优势产业，不断完善县城产业支撑，但通过调研发现还存在一些问题。奉新县由于农资价格大幅上涨、自然灾害频发、种粮效益低，加之农业基础设施仍然薄弱，该县2022年粮食生产总面积67.95万亩，相较于2020年70.11万亩减少2.16万亩，部分粮食种植区出现绝收，导致农民生产意愿受挫，影响农业发展基础。吉安县产业结构以电子信息产业为主，一枝独秀，产业链供应链韧性和安全性不高，立讯、博硕、协讯3家龙头企业占全县营业收入的60%以上，全县工业经济受立讯经营波动影响较大；在文旅产业方面，该县在亲子游、品质游、体验游等旅游“刚需”方面发力不足，各景区的旅游体验产品比较单一，商业购物、特色餐饮、休闲娱乐、健康养生等全链条旅游服务产品亟待丰富。南昌县依托小蓝经开区纵深推进国家县城产业转型升级示范园区建设，但产业集聚优势还不够明显，2022年国家级经开区综合排名居第74位，与一流经开区比起来还有较大差距。

3. 要素配套不完善

调研发现，三个示范县对人才、资金、土地等要素支持不足，反应较为强烈。在人才引留方面，据了解，受发展基础、地理条件、人文环境、待遇政策等因素制约，在县级层面或多或少地存在人才存量不足、流失严重、结构不佳、效能偏低等问题。

例如，奉新县企业高层次人才引进培养力度不足，尤其是在引进培养高学历、青年人才上还有短板，人才政策相比发达地区针对性、水污染防治、规范政府性奖励等刚性支出需求增支较多，而兜牢“三保”底线、支持乡村振兴、重大项目落地和基础设施建设等重点领域资金需求快速增长，财政收支存在较大缺口，平衡难度加大。吉安县正建设海绵城市，在国内建设海绵城市的案例中，资金来源主要是财政资金，通过地方融资平台融资和发行地方政府债券等，该县从上级争取到的资金难以填充海绵城市动辄几十亿元的投资需求，现行财政又处于收支平衡难以为继的状态。南昌县财政收支平衡压力与日俱增，收支矛盾突出，保障新型城镇化建设工作压力较大。

4. 体制机制相对滞后

调研发现，三个示范县部分县领导对示范工作不知情、不熟悉，更多地寄希望于在项目、资金、政策等方面得到上级支持，而将示范工作纳入全县总体工作思路、融入重大发展战略，用以引领全县高质量发展、统筹部门单位形成合力、推动社会各界达成共识方面做得还不到位，各地在突破体制机制障碍、形成典型经验方面的主动性还不够。例如，在健全农业转移人口市民化机制方面，南昌县在保障进城落户农民的宅基地使用权、集体收益分配权等方面依然存在一定困难，使进城农民难以享受与市民同等的公共服务，导致进城农民普遍居留意愿强、落户意愿弱；在建立多元可持续的投融资机制方面，吉安县县级平台公司因资产规模和信用评级不高、业务板块不多，导致其市场化融资功能较弱、投融资能力不足等问题难以解决；在建立集约高效的建设用地利用机制方面，奉新县工业园区虽然建设了约60万平方米标准厂房，但由于工业园区起步较早，土地节约集约利用水平不高，在提升现有工业用地容积率和单位用地面积产出率方面潜力小、难度大。

三、江西以实施“强县域”战略助推新型城镇化建设的对策建议

（一）壮大县域经济实力

一要推动县域工业发展提档增速，前瞻布局县域产业数字化转型，坚持将实体经济作为高质量经济的着力点，立足县域实情，抓实新旧动能转换，积极实施“数字+产业”升级，借助数字化改造推动县域工业加快升级。二要构建以现代农业为基础、乡村新产业新业态为补充的多元化乡村经济，将农村种植业、畜牧业、加工业有机融合，不断提升县域农业竞争力，满足多样性的市场需求，不断完善乡村经济配套服务体系，

建设一批返乡入乡产业园、农业众创空间等产业平台，孵化更多农业产业主体。三要整合升级县域产业园区，不断优化营商环境，加大基础设施建设力度，主动消除制约园区企业发展因素，强化园区运行机制建设，弥补园区发展短板，加快县域战略性新兴产业布局，推动创新链、产业链、资金链、人才链深度融合。四要培育壮大县域特色产业集群，立足当地资源特点和产业基础进行差异化定位，每个县（市）确定1~2个特色主导产业，引导县域特色产业要素聚集，不断激发特色产业主体活力，提升市场匹配程度，围绕特色产业“补链补强”，增强特色产业全链韧性。

（二）增强城镇承载能力

一要推进县城产业配套设施提质增效，打造产业平台、消费平台、服务平台等配套设施，完善产业平台功能，提高配套设施建设科学化水平，完善区域综合配套载体功能，加快构建科学的设施管理体制。二要推进市政公用设施提档升级，健全市政交通、市政管网、防洪排涝、防灾减灾设施，优化市政道路建设，实施老旧小区改造，推进县城基础设施数字化建设改造，探索简化公共设施分级配建模式，加快从统一标准化配置向需求化转变。三要推进公共服务设施提标扩面，健全医疗卫生、教育、养老托育、文化体育、社会福利设施，整合县区公共服务和社会管理场所，统一规划优化功能，推动县域公共服务被动供给型向主动引导型转变。四要推进环境基础设施提级扩能，建设垃圾、污水收集处理设施，完善重点区域污水污泥收集体系，推进垃圾无害化资源化处置，加快生产生活低碳化，推动能源清洁低碳高效利用，打造蓝绿公共空间。五要加快推进新型智慧城市建设，践行新发展理念，构建以人为本、需求引领、数据驱动、特色发展的新型智慧城市建设体系，加快5G网络、数据中心等新型基础设施建设，着力打造一批跨区域的智慧应用场景，加快形成“千城千面”的新型智慧城市建设格局，打通智慧惠民的“最后一公里”。

（三）加强生态文明建设

一要开展国土绿化，因地制宜建设城市绿色廊道，合理配置常绿乔灌花草，增强城市绿化层次感立体感，大力建设“微空间改造”“斑块绿地”提高城市绿化覆盖率，打造街心绿地、湿地和郊野公园，提高城市生态系统服务功能和自我维持能力。二要推进环境保护利用，不断推进环境整治，落实城市生态环境保护，加强河道、湖泊、滨海地带等城市湿地生态和水环境修护，增强城市净化大气、维持碳氧平衡、调节市内小气候等生态功能。三要生产生活低碳化，广泛开展节能降碳宣传教育，大力倡导绿色低碳生活，加大绿色低碳技术产品供给，支持发展绿色建筑和绿色交通，以高品质产业园区为主阵地，培育壮大绿色低碳发展新动能，推进产业园区循环化改造，持续提高能源利用效率促进工业、建筑、交通等领域绿色低碳转型。四要改善城乡环境面貌，稳步提升人居环境质量，着力破解城乡环境治理的突出问题，全力推进城市卫生综合整治，加强城乡管理薄弱环节，消除环境乱象盲区。

（四）改善人民群众生活

一要增加普惠便捷公共服务供给，加快提高基本公共服务的服务范围和均等化水平，优化社区综合服务设施，推动公共服务设施适老化适幼化改造，统筹发展生活性服务业，开展高品质生活城市建设活动，积极打造城市“一刻钟便民生活圈”。二要多渠道增加农民收入，统筹推进农村劳动力转移就业和就地就近就业创业，充分挖掘农业内部增收潜力，开拓新领域增收，提升农产品质量、品牌、附加值增收，完善利益联结机制，提高农民在产业链、价值分享比例，通过扩权赋能高效利用闲置资金，为农民创造财富增收，逐步缩小城乡居民收入差距。三要提升大中城市功能品质，增强小城市发展活力，塑造当地消费品牌，打造夜间消费集聚区，持续开发商业景区，挖掘推广名街名店，持续推进灯光亮化景观带建设，增强城市夜景魅力，营造现代时尚的消费场景。四要丰富人民精神文化，坚持面向基层、服务群众，加快推进重点文化惠民工程，加大对农村和欠发达地区文化建设的帮扶力度，持续推动公共文化服务设施免费开放，开展群众性文化活动，引导群众在文化建设自我教育、自我学习，建设优秀传统文化传承体系，推动非物质文化遗产融入城市规划建设。

（五）提升社会治理水平

一要完善自治、法治、德治相结合的城市基层社会治理体系，强化和巩固党建引领基层治理作用，抓实基层治理服务队伍建设，强化党组织在基层治理中的领导核心作用，筑牢党建引领“主心骨”，确保党的全面领导对基层治理的全覆盖，加快构建党组织统一领导、各类组织积极协同、人民群众广泛参与的基层治理体系。二要完善网格化管理服务，依托社区统一划分综合网格，扎实推进网格化服务管理“多网合一”工作，推动应急管理、公共服务、社会服务、志愿服务等服务工作落实，主动调动网格中企业的力量和社会组织的力量，构建服务管理功能完善、主体多元的网格化服务管理体系。三要完善社区应急组织体系和工作预案，加快建设群防群治、联防联治机制，构建统一指挥的应急管理队伍，设置应急物资储备保障，加强防灾减灾知识宣传和应急演练。四要加强社会工作专业人才队伍建设，积极开展社区多层次、多领域、多形式社区工作教育培训，提升专业知识、实操能力等综合素质，落实社区需求摸底工作，科学配置社区工作岗位，不断健全社区工作者职业体系，完善社区工作者监督体制。

江西加快建设高能级综合保税区的对策建议

党的二十届三中全会就完善高水平对外开放体制机制作出系统部署，明确提出以开放促改革，建设更高水平开放型经济新体制。综合保税区（以下简称综保区）是江西省内开放层次最高、优惠政策最多的开放平台，要充分发挥综保区的开放先行作用，实施全省综保区对标自贸区提升工程，以开放促改革、促发展、促创新，着力打造制度型开放试验田、新质生产力孵化桥头堡、营商环境建设标杆地，实现以重点突破带动全省域开放水平提升，为加快打造内陆地区改革开放高地，主动服务和融入新发展格局提供更加强有力支撑。

一、积极探索实践，综保区成为推动江西对外开放、深化改革和产业转型升级的重要力量

江西各综保区自封关运营以来，聚焦主责主业发展，大胆探索、勇于实践，不断提升外向型经济质量和水平，为江西高质量发展提供了重要支撑。

（一）稳步扩大开放，当好稳外贸基本盘“压舱石”

各综保区全面对接国际高标准市场规则体系，推进高水平对外开放，2019～2022年南昌、九江、赣州、井冈山4家综保区进出口总额由95.8亿元增加至699亿元，占同期全省外贸进出口总额由2.7%提高到10.4%。2023年受业务统计口径变更和部分生产企业市场转向内销的影响，江西4家综保区进出口总额有所下滑，但占全省外贸比重仍达到5.96%，为巩固外贸基本盘发挥了不可替代的作用。

（二）坚持先行先试，深耕全面改革创新“试验田”

各综保区在用好用足海关特殊监管“保、免、退”税收优惠政策的基础上，积极

复制推广自贸区试点经验，探索推出一批创新成果，为全省全面深化改革开放提供有益借鉴。例如，赣州综保区在全国首创“跨省、跨关区、跨陆海港”的通关模式；南昌综保区打破平台区位障碍，联合龙头岗综合码头成功探索“一次报关、分批卸货”的“区港联动”。

（三）聚焦保税特色，打造产业转型升级“强引擎”

各综保区充分发挥平台功能优势，积极布局加工贸易、保税物流等特色产业，大力发展跨境电商、保税研发等新兴业态，为推动全省产业转型升级作出重要贡献。以跨境电商为例，综保区先后引进全国第二个跨境电商中心仓、九江跨境优品跨境电商展示中心等一批重大项目，累计落户跨境电商企业 294 家，带动全省跨境电商进出口由 2019 年的全国第 25 位跃升至 2023 年的第 6 位，总量达到 463.5 亿元。

二、对标国内先进，江西综保区建设存在诸多短板弱项

根据 2022 年度综保区考核结果显示，江西四大综保区评定类别均为 B 类，无一家评定为 A 类。经与相关综保区对比分析，江西综保区建设还存在一些短板和弱项，主要体现在以下几个方面：

（一）制度创新力度还不够

综保区作为对外开放的重要平台，应拿出敢为人先的首创精神，大胆解放思想、敢于创新，在对外开放中走在全省甚至全国前列。从全国来看，制度创新成果较多，特别是在全国具有较大影响力的综保区，充分利用“自贸区+综保区”双重政策红利，积极争取到改革更大自主权和试点示范，实现重点领域制度创新，带动提升对外开放水平。根据调研情况反映，江西省内综保区解放思想还不够，特别是在深挖制度潜力、释放政策红利上办法不多，管理运营主要以学习借鉴为主，引领性、开创性制度创新成果特别少。同时随着国家鼓励出口转内销，保税加工政策优势的吸引力逐步降低，2023 年江西 4 个综保区平均进出口额仅为 84.94 亿元（中部平均水平 324.74 亿元的 1/4），江西综保区整体发展面临不进且退的严峻挑战。

（二）主导产业辨识度不高

综保区主导产业的选择和培育，应聚焦所在地区发展战略目标，立足当地产业基础和发展方向，打造具有保税特色的优势产业集群。西安关中综保区紧紧依托陕西和

西安雄厚的航空产业基础，先后引进国内外400多家航空制造企业，大力发展航空制造、检测和维修服务等保税业务，建成中西部首个以航空制造为特色的综保区。成都高新综保区围绕成渝地区电子信息先进制造产业集群建设需求，引进英特尔、戴尔等高端制造企业和苹果、联想平板及笔记本电脑等智能终端产品生产项目，形成完整的集成电路产业链，成为全球平板电脑及笔记本电脑的重要生产基地和维修服务中心。根据调研情况反映，受限于地理区位、经济基础等因素，江西省内综保区在招商引资时缺乏足够竞争力，可选择对象少，存在“捡到篮子里就是菜”的现象，且招引的加工制造型企业多为“两头在外”，生产环节与本地产业契合度较低，导致综保区产业集聚度不高，且难以与地方优势产业形成高度互补。

（三）业态模式创新不足

拓展保税新业态、新模式是国家赋予综保区的首要使命。综保区应发挥好平台政策优势，积极拓展“保税+”业态模式，大力探索打造特色产业体系，积极为本地外向型经济赋能。北京天竺综保区通过打造“区内仓储+区外展拍”“区内展示+线上交易”和“保税展示交易”等模式，推动保税艺术品进口规模占全国比重达到1/3，成为全球艺术品境内外流转重要口岸。天津东疆综保区通过积极争取先行试点租赁公司享受国家便捷外债通道、飞机租赁进口优惠税率等政策试点，在全国首创联合租赁、跨境转租赁、离岸租赁等40多种租赁模式，推动租赁资产总规模突破1.5万亿元。根据调研情况反映，江西产业发展总体水平处于价值链中低端，对保税维修、保税研发等新型业态需求度较低，各综保区主要发展保税加工、保税物流等传统业态。2023年全省综保区保税研发、跨境电商等“保税+”业态占比不到20%，保税加工、保税物流进出口额占综保区进出口额分别达到46.91%、33.55%。

（四）营商环境有待提升

一流的营商环境是综保区吸引外贸企业投资兴业的重要因素之一。综保区要以投资贸易自由化、便利化为核心，深化各类改革创新，打造市场化、法治化、国际化一流营商环境，吸引更多的国内外优质企业、高端要素集聚。南沙综保区创新推出跨境电商出口集拼等系列政策，吸引各大电商平台、近600家企业落户开展跨境电商业务，2023年跨境电商进出口额实现734.8亿元、位居全国第一。潍坊综保区探索创新外贸综合服务体系，推动294项涉企涉外服务事项“一站式”办结，吸引超过60家加工制造类企业入驻，2023年实现外贸进出口额770.4亿元、位列全国第四。根据调研情况反映，江西各综保区运营专业化水平不高，缺乏专业干部队伍，且地方对综保区发展缺乏足够的重视，在项目招引、金融等方面支持力度还不够，导致江西各大综保区在制度创新、要素供给等方面，与其他综保区有较大差距，难以吸引和集聚更多优质市场主体和要素资源。

三、大力解放思想，加快推动江西综保区建设迈向更高水平

（一）强化统筹联动，形成错位协同发展的开放格局

加强全省综保区统筹规划，推进协同联动发展，形成各具特色的综保区发展格局。一要调整优化产业布局。按照主业突出、特色鲜明、协同发展思路，调整优化全省各综保区的产业布局（见表1），重点加强各综保区与全省制造业重点产业链现代化建设“1269”行动计划以及所在地主导产业联动，推动综保区做大主导产业，形成错位发展、良性竞争的局面。二要完善利益共享机制。大力推行“区区”（综保区与开发区、综保区与跨境电商综试区）联动、“区港”（综保区与口岸、水陆空港）联动模式，持续放大“综保区+口岸+特色产业”聚合效应。深化与国内自贸区合作，探索采用省外接单、省内制造“前店后厂”模式，推动优势互补、共建共享。借助保税展示交易功能，加强“区地”联动，推动地方特色更好地“走出去”。例如，综保区可与景德镇联合探索“区内仓储+区外展拍”“区内展示+线上交易”“保税展示交易”等文化保税业态，助推陶瓷文化扩大全球影响力。三要健全推进落实机制。建立综保区建设发展联席会议制度，加强重点工作统筹协调、调度推进。围绕贯彻落实《推动综合保税区高质量发展综合改革实施方案》，研究编制江西综保区发展“十五五”专项规划，挖掘提出一批改革创新举措。将综保区发展情况纳入全省开发区高质量发展考核范畴，强化属地主体责任。

表1　全省5个综保区产业布局

综保区	产业布局
南昌综保区	按照立足南昌、辐射全省的定位，紧密围绕LED、新能源汽车以及航空等产业发展需求，重点拓展保税制造，积极布局保税研发、保税维修、保税物流等新业态，做大做强跨境电商，建设更具竞争力的“五大中心”
九江综保区	充分发挥九江大港口、大水运、大通道优势，重点发展以石化化工、有机硅和纤维新材料、跨境进口大宗贸易等为主的保税加工、保税物流等，积极拓展跨境电商等新型贸易服务业态，构建多元化产业发展布局
赣州综保区	联动粤港澳大湾区相关口岸和赣州国际陆港，着力构建以电子信息为龙头、现代物流为支撑，以及跨境电商、装备制造、稀土深加工、家居制造、保税维修等为特色的现代产业发展格局

续表

综保区	产业布局
井冈山综保区	积极参与中非经贸深度合作先行区建设，鼓励做强电子信息、智能制造、农产品等加工制造，积极布局检测维修、跨境电商等，建设更具竞争力的现代化产业体系
上饶综保区	全面深化与长三角高水平综保区合作交流，加快布局以光伏、光电为主的保税加工、保税维修，以及新能源汽车关键零部件和整车进出口，积极发展生物医药等保税研发新业态，打造特色鲜明现代化产业体系

（二）发挥平台优势，打造制度型开放试验田

用好综保区政策红利，在更广领域、更深层次开展先行先试和集成探索，为江西内陆开放型经济试验区推进高水平制度型开放积累经验。一要主动推进制度型开放。深入对接 RCEP（区域全面经济伙伴关系协定）、CPTPP（全面与进步跨太平洋伙伴关系协定）、DEPA（数字伙伴关系协定）等高标准国际经贸规则，率先开展压力测试，构建与之相衔接的制度体系和监管模式，切实增强对优质资源要素的吸引力。二要全面推动深层次改革。围绕提高对外贸易效率、降低对外贸易成本，持续深化“边境”管理制度改革和“边境后”管理制度改革，认真落实好全面取消制造业领域外资准入限制措施和推动服务贸易高质量发展有关政策文件，不断提高贸易自由化便利化水平。三要积极探索贸易新业态。鼓励有条件的综保区发展数字技术服务、中医药服务、期货保税交割等新业态，引导“跨境电商+产业带”“海外仓”等业态模式健康发展。支持各综保区与跨境供应链综合服务商合作，打造进口商品集采中心和“一站式”购物场景（完税+保税），大力发展以消费税征收品目内的高端消费品（首品牌）为主的跨境商品新零售业态，经营好南昌市内免税店，不断创造消费新需求，提高地方消费税税收收入。

（三）突出功能定位，建成新质生产力孵化桥头堡

围绕江西制造业 12 条重点产业链和“六大未来产业”发展所需，积极布局加工制造、研发设计、物流分拨、检测维修、销售服务等项目，为培育新质生产力提供支撑。一要积极拓展保税服务。探索在保税区内建设生物医药、新能源、航空等高端制造业创新孵化平台、中试验证平台和检测维修平台。加快引进高技术、高附加值、符合环保要求的先进材料等保税检测维修和再制造业务。鼓励将进入区内维修后的货物直接出口至境外。二要支持枢纽服务发展。鼓励综保区加快建设多样化专业仓储设施，积极发展江西重点产业发展所需高端精密零部件的保税仓储物流业务。支持省内骨干制造业企业在综保区建设跨国采购、集拼、分销中心。三要坚持高水平引进来走出去。对适合在综保区的企业、项目及生产环节，充分用足用好“飞地经济”政策，引导鼓

励区内落户，实现围网内外统一规划、统一招商、资源共享、协同发展。积极引进已落地优质企业的上下游关联企业，实现“以商招商”。把握国内链主企业加快成长为跨国企业的契机，引导江西外贸企业主动嵌入其价值链供应链，“借船出海”融入全球经贸体系。

（四）对标最佳实践，创建营商环境建设标杆地

学习借鉴国内一流综保区经验做法，持续建设市场化、法治化、国际化一流营商环境，不断激发市场主体活力。一要深化“放管服”改革。聚焦外贸市场主体诉求，积极推广“外贸一件事”集成服务改革，推进流程再造及改革创新，助力实现退税提速、惠企政策直达快享，切实提供全周期、全链条服务。二要深化要素配置改革。设立应急转贷基金和出口信用保险专项资金，联动各类产业发展基金、风险投资机构等，推动贸易金融、仓单质押融资业务发展，满足区内企业多元化融资需求。盘活利用区内工业低效用地，提高存量土地资产配置效率，提升土地综合利用效益。三要提升园区配套水平。大力实施“数字综保”建设行动，搭建综保区管理、服务和支撑平台，推动卡口管理从“优化”向“无感”转变。引入具有综保区丰富运营经验的专业化人才，提升专业管理和运营服务水平。对标国内先进智慧园区和生活配套区建设，配置生产性和生活性设施，为区内企业提供“一站式”服务。

专题二

因地制宜发展新质生产力

江西因地制宜发展新质生产力的对策思路

2024年3月5日，习近平总书记在参加十四届全国人大二次会议江苏代表团审议时强调，“要牢牢把握高质量发展这个首要任务，因地制宜发展新质生产力”。从经济学角度来看，新质生产力代表一种生产力的跃迁，摆脱了传统增长路径，符合高质量发展要求的生产力。从2023年在地方考察调研期间首提“新质生产力”，到在中央经济工作会议部署“发展新质生产力”，再到中央政治局第十一次、第十二次集体学习时的系统阐述，相互关联、信号鲜明、意涵丰富。结合江西省省情，提出江西因地制宜发展新质生产力的重要突破口。

一、夯基垒台，实现“有中培优”，助力新兴产业迈上新台阶

战略性新兴产业是对国民经济全局和长远发展具有重大引领带动作用的产业，是实体经济的重要组成部分，是我国经济转型升级和高质量发展的重要支撑。江西要从强基础、补短板、育链主三个方面发力，助力新兴产业迈上新台阶。

（一）“强基础”，铸就产业发展新优势

基础研究和应用研究既是科技创新的源泉，也是战略性新兴产业核心技术创新的关键，对经济社会发展起着基础支撑作用，关系科技发展的后劲和长远未来。从R&D经费活动类型看，江西的研究与试验发展（R&D）经费投入强度（与全省地区生产总值之比）低于2%，远低于广东、江苏、浙江（均在3%左右）等省。一是切实加大基础和应用研究投入，制订产业科技计划，着力提升高等院校和科研院所创新源头供给能力，依托南昌大学、江西理工大学、江西省科学院等高校和科研院所深化未来产业前沿基础理论研究。二是鼓励个人、政府和企事业单位积极采购战略性新兴产业领域

的新产品、新技术、新服务，拓宽产品在生活和工作中的应用场景。

（二）“补短板”，解决产业发展梗阻点

近年来，江西在核心技术研发上也取得了不少重要成果，但尚未形成整体突破的态势，原因之一在于没有很好地解决产业共性技术创新与共享问题，没有实现从“一枝独秀”到“遍地开花”的跨越。一是在组织形式上，可探索设立由企业研发中心、技术研究院、国家工程中心、政府相关部门代表等共同组成的民办、公助、非营利的独立社团法人性质的共性技术研发协会，面向新能源、电子信息等江西战略性新兴产业和江西“3+3”未来产业的发展需要，聚焦产业核心技术和关键共性技术。二是在资金筹集上，支持探索筹建关键共性技术研发基金，可考虑由各共性技术研发平台、金融机构和企业等共同出资，筹建产业共性技术发展基金，用于信息服务、项目论证与管理服务、成果转化融资以及管理运行经费补贴等，促进产业共性技术发展，并由政府按一定比例给予配套资金支持。三是在设备使用上，通过定期例会形式协调各共性技术研发机构、平台之间的研发工作，沟通相关研发和服务信息，通过制定相关章程和协议，协调实现各个研发平台、机构试验设施、仪器设备共建共享。

（三）“育链主”，把握产业发展主导权

一是高质量推进龙头企业规模提升、创新发展、转型升级、跨界融合、链式发展等重点工作。同时，完善“微成长、小升高、高变强”梯次培育机制，为培育形成更多龙头企业“筑基立本”，形成更多“专精特新”、“小巨人”、单项冠军企业。二是支持电子信息等战略性新兴产业领域的企业通过项目开发、兼并重组等方式，加快产业专业化、集群化发展，形成一批综合竞争力强、辐射带动能力突出的龙头企业，提升产业能级和核心竞争力，形成产业发展优势和发展后劲。尤其对产业链较为完备、产业优势突出的重点骨干企业，推动各类创新资源集聚，培育和发展特色鲜明、配套完备、竞争力强的优势特色产业链。

二、超前谋划，实现“无中生有”，抢占未来产业发展新赛道

“用明天的科技锻造后天的产业”，面对新一轮科技革命和产业变革的深入发展，世界主要国家以及国内各地区都在加强对未来产业的布局，以期赢得未来发展先机、抢占产业竞争制高点。

（一）把握世界科技前沿，找准创新切入点

一是鼓励电子信息、新能源等产业的龙头企业、科研机构等在国际技术联盟和国际标准论坛中充分发挥引领作用，强化江西在国际标准制定过程中的话语权和发展引导力。广泛收集当地战略性新兴产业标准体系信息，加强国际标准制定修订工作的交流衔接，推进双方的产业标准体系互认。二是围绕新兴产业重点领域，梳理关键重大技术需求清单，在全球范围内采取“定向委托”“揭榜挂帅”“竞争赛马”等方式，集聚创新资源来赣，协同开展关键核心技术攻关，推动突破更多“卡脖子”技术。三是支持企业、科研院所等有针对性地研发创新优势不突出的产业前沿技术，鼓励申报 PCT 国际专利，尽早完成国际专利布局。

（二）推动政产学研合作，营造创新生态圈

一是推动高等院校深化改革。加强学科专业建设，打造高水平学科科研平台，提升一流人才培养与创新能力，增强科技创新供给能力。加快科技成果转化，共同推进战略性新兴产业人才培育工程，提高创新效率。二是完善成果转化交易机制。构建科学可量化的高校科技成果价值评估办法，积极探索向科研人员让利和依据科研贡献确定分配比例的利益分配机制。三是搭建综合服务载体平台。高质量为企业提供技术研发、检验检测、技术评价、技术交易、质量认证、人才培训等专业化服务，加快推动未来产业创新成果产业化。

（三）集聚未来产业要素，建设创新策源地

一是围绕未来产业重点领域的发展需求，践行“聚天下英才而用之”的思想，坚持引育结合、以用为本，开展靶向引才、精准引才，建立未来产业全球引才体系，促使未来产业所需人才近悦远来，持续强化未来产业发展的人才队伍支撑体系。二是围绕未来产业重点领域的发展需求，持续强化未来产业发展的金融资本支撑体系。引导金融企业深度合作。鼓励银行、保险、基金等金融机构，发起或参与设立未来产业投资基金，创新发展科技保险、专利保险等金融产品和服务，为未来产业类企业提供股权、债权等多种融资方式，持续支持未来产业发展。三是把握长三角一体化战略和粤港澳大湾区建设机遇，积极对接沿海地区资本市场，举办企业上市推广、培训沙龙等活动，推动江西企业对接沪苏浙多层次资本市场。

三、以改畅循，实现“优中育新”，全域提升开拓发展新空间

江西需要加快打造新质生产力的速度，完善以政府政策为引导、以市场为主要调节手段的区域战略统筹机制，消除区域生产、分配、流通、消费各个环节存在的扭曲和阻塞现象，以更宽广的视野推动更大区域的协调发展，努力打造全国构建新发展格局的重要战略支点。

（一）着力在提高协调发展上下功夫

一是根据国家在战略性新兴产业发展中的中长期规划，结合江西省实际情况，打造一批现代工业集聚区、共性产业园区、战略性新兴产业和未来产业基地。二是从全省视角协调好各市（地）资源，促进生产要素合理流动，引导生产要素向产业集群和优势行业集聚。搭建区域合作交流平台，形成优势资源互补的良好局面。针对现在战略性新兴产业的发展“瓶颈”，进行重大课题专项攻关，疏通产业链条上的堵点。

（二）着力在优化营商环境上下功夫

营商环境不仅是衡量一个地方社会经济发展质量的“晴雨表”，也是检验当地干部思想认识、工作作风和精神状态的“试金石”。一是转变思想观念。强化“人人都是营商环境、事事关乎营商环境、处处彰显营商环境”的责任意识。在工作作风上强化主动、真心、靠前、一线服务意识，在效能革命上树立“今天再晚也是早、明天再早也是晚”的效率意识。二是推行电子政务。加强数字政府的顶层规划，构建政企合作、管运分离的体制机制，利用“制度创新+技术支撑”，加快人工智能等新技术的应用，打造可信便捷的政务环境。进一步提升电子政务的网络化、数字化、智慧化水平，为市场主体提供无缝隙、便利化、高效化的服务，推动新形势下“五型”政府建设不断走深走实。三是鼓励先行先试。着力推动制度创新，持续提升政府治理能力和服务水平，形成一批可复制、可推广的经验做法，积极探索打造一流营商环境新路子。同时，出台支持改革创新容错免责办法、容错纠错正面清单，激发干部担当作为。

（三）着力在完善政策体系上下功夫

加强创新型服务型政府建设，为战略性新兴产业创新驱动发展营造良好的环境。一是创新人才管理机制。在人才评价体系改革中，将科技成果转化成效作为职称评定

重要指标；与高等学校、科研院所建立人才双向流动合作机制。二是定期研判发展态势。明确全省战略性新兴产业和未来产业的重点发展行业、重点企业及重点项目，完善反映全省战略性新兴产业和未来产业中长期发展态势的统计指标体系和统计检测制度，定期对全省产业发展指导目录进行修订。三是推动企业上市融资。实施战略性新兴产业和未来产业企业上市融资帮扶行动，对符合遴选条件的未来产业类企业开展常态化上市培训与服务，持续推动其在主板、创业板、“新三板”、科创板上市融资。

以更高水平“四链融合”推动新质生产力发展

习近平总书记在中共中央政治局第十一次集体学习时指出，“科技创新能够催生新产业、新模式、新动能，是发展新质生产力的核心要素”。推动创新链、产业链、资金链、人才链深度融合，不断提高科技成果转化和产业化水平，是江西加快形成新质生产力的一条重要路径。

一、对“四链融合”的基本认识

（一）“四链融合”是培育新质生产力的基础生态

新质生产力是由技术革命性突破、生产要素创新性配置、产业深度转型升级而催生的具有颠覆性、引领性、战略性的先进生产力。生产力是一个复杂系统，生产力系统在劳动过程中形成，由劳动者、劳动资料（工具）和劳动对象组成。而新质生产力由新型劳动者、新型劳动工具和新型劳动对象组成，这些新型要素协同配合、融合互促，引发生产力要素发生质的变化，推动生产力系统的结构性重塑。创新链、产业链、资金链、人才链与劳动者、劳动工具、劳动对象的组合、匹配紧密相关，“四链融合”有助于集中优势资源、促进要素协同，提升生产能力、改善生产效率，培育形成新质生产力。

（二）“四链融合”要用改革的办法来解决

“四链融合”关键在于“融”，但当前我国“四链”彼此牵引、互为支撑的深度融合态势尚未形成。“四链”在不同维度上的供需矛盾和体制机制相互制约，成为影响融合的主要因素，也是推动融合的重要着力点。推动“四链融合”，深层次上来看就是有效配置技术、人力、资本等生产要素，促进生产要素间的供需匹配。由于要素配置环节多、主体多，体制机制的完善往往难以及时跟上要素配置的效率需求。因此，只有通过深化改革，打破要素高效流动的壁垒，才能从根本上形成“四链”的融合环境。

（三）“四链融合”既要注重顶层设计，又要注重基层探索

“四链融合”从宏观层面来看，需要从整体和长远的角度出发，制订全面的战略规划，确保方向正确，资源得到合理分配，避免“四链”相关部门和主体各自为政，影响要素配置效率。从微观层面来看，也需要贴近市场、了解生产、掌握技术趋势的一线探索具体实践路径，通过不断地试错、调整和优化，找到最适合当地实际的融合模式。

二、对“四链融合”与新质生产力关系的认识

生产关系必须与生产力发展要求相适应。生产要素创新性配置和优化组合的过程，也是建立新型生产关系的过程。“四链融合”的实质是知识、技术、能力、资金、人才、政策等要素的有效集聚、合理配置和高效协作，有助于摆脱传统要素驱动式增长，塑造适应新质生产力发展的生产关系。

（一）创新链为新质生产力发展提供核心要素

创新是第一动力。科技创新能够催生新产业、新模式、新动能，是发展新质生产力的核心要素。全球科技创新进入密集活跃期，呈现交叉融合、高度复杂和多点突破的态势，深度赋能经济社会发展，促进生产过程的重塑和生产力迭代式跃迁，推动数据等新兴生产对象成为新质生产力的关键要素。

（二）产业链为新质生产力发展提供重要载体

产业是经济之本，是生产力变革的具体表现形式。新兴技术、高端人才、活跃资本只有进入生产过程、融入产业链，才能转化为现实生产力，开辟出生产力发展的新赛道。新质生产力的形成也是新技术向实体经济渗透，与实体经济深度融合的过程。因此，把新质生产力转化为新的增长点，必须依托产业这一重要载体。

（三）资金链为新质生产力发展提供关键驱动

资本是带动各类生产要素集聚配置的重要纽带，是促进社会生产力发展的重要力量。创新链的基础研究、应用基础研究、应用技术开发、工程化验证或中试、技术成

果商业化等环节的连续过程，每一阶段都需要资金注入，需要借助资本力量投资形成生产能力。资金的持续投入，能够为技术迭代、产业升级、人才培育提供给养。

（四）人才链为新质生产力发展提供根本保障

人才是发展的第一资源。新质生产力的主体要素是人，尤其是人才。创新链、产业链的竞争，归根到底还是人才链的竞争，人才队伍的素质和水平直接决定生产力的能级。新质生产力具有高科技、高质量、高效能特征，对人才的创新力、竞争力及人才的配置方式等提出了更高的要求。符合新质生产力要求的人才资源，能够促进各要素的优化组合，推动全要素生产力的大幅提升。

三、江西“四链融合”基础情况

（一）融合基础

1. 工业情况

江西全面实施产业链现代化“1269”行动计划，统筹推进传统产业改造升级、新兴产业发展壮大、未来产业抢位布局，着力建设制造业强省，加快构建现代化产业体系。一是产业跨越式发展趋优。2023 年，全省工业增加值 11180. 7 亿元，比上年增长 5. 3%。规模以上工业增加值增长 5. 4%，规模以上工业企业实现营业收入 40922. 2 亿元，比上年增长 2. 6%，营业收入增幅列全国第七，新能源、有色、电子信息等产业增势较为强劲。二是产业高质量发展向好。在全国率先完成覆盖规模以上工业企业的数字化评价普查，获批建设数字化转型贯标试点省、“工业互联网+安全生产”试点省，数字经济增加值有望突破 1. 2 万亿元。国家稀土功能材料创新中心、国家（江西）北斗卫星导航综合应用项目通过验收，新增 3 家全国重点实验室，首家省实验室——南昌实验室启动建设，在赣两院院士达 10 名，世界最薄高牌号无取向电工钢下线，全球最大、国内首艘万吨级远洋通信海缆铺设船在赣下水，“枳实总黄酮片”获批上市，成为江西首个获批的中药创新药，综合科技创新水平指数 60. 27%，万人有效发明专利拥有量增长 31. 7%。三是产业现代化发展提级。战略性新兴产业、高新技术产业、装备制造业增速明显高于全省平均水平，增加值分别增长 9. 1%、9. 1%、10. 0%，占规模以上工业比重分别为 28. 1%、39. 5%、31. 6%。省现代产业引导基金、省未来产业发展基金落地，中国稀土集团稀金谷产业促进中心揭牌，累计培育国家级中小企业特色产业集群 10 个，新增国家创新型产业集群 2 个，总数达 8 个。培育 18 家国家级服务型制造示范（截至 2023 年 6 月），19 家省级服务型制造示范，1 个省级服务型制造示范项目，以及 3 个省级服务型制造示范平台（截至 2023 年 12 月）。

2. 创新情况

坚持“科研即产业”理念，聚焦产业创新升级布局科技资源，通过创新引领，科技赋能，不断提升更匹配产业发展需求的创新成果供给。一是着力优平台。积极策应国家战略科技力量调整布局，对外大力争取，对内系统布局，加快构建具有江西特色的战略科技力量。在国家级平台方面，2 家医药领域和 2 家国防领域全国重点实验室获批建设，全国重点实验室总数达 6 家，其中牵头组建 3 家；与西班牙共建生物光子学成像联合实验室、与菲律宾共建竹联合实验室得到科技部认可；支持景德镇陶溪川获批国家文化和科技融合示范基地；新增国家级科技企业孵化器 3 家。在省级平台方面，南昌实验室建设有序推进，完成自然资源、生态环境、电子信息、农林等领域 105 家省重点实验室重组。在基础平台方面，推进超级计算公共服务平台能力升级，算力规模达 2000 万亿次。加快江西省大型科研仪器开放共享，平台入网仪器 4874 台（套）、服务机构 247 家。二是着力强协同。聚焦全省 14 个重点产业链组建一批产业链创新联合体，开展产业链共性和关键技术攻关。在航空、稀土、电子信息、装备制造、生物育种等领域，催生了一批“江西造”“江西研”重大创新成果。例如，602 所的“AC313 大型民用直升机”项目，首次实现国产直升机在 4000 米以上高原运行；南昌大学的“半导体发光器件”项目，在国际上率先推出高光效黄光 LED 新产品。打造“科技型中小企业—高新技术企业—高成长性科技型企业—科技领军企业”梯次培育体系。科技型中小企业评价入库 14528 家，同比增长 34%，入库企业数排名全国第 14 位。在全国率先开展科技领军及入库企业培育，认定 6 家领军企业和 17 家入库企业，其中 6 家领军企业实现年营收超 2000 亿元、研发投入超百亿元。三是着力促转化。落实江西省科技成果产业化实施方案，实施重大科技成果熟化与工程化研究项目，加快一批具有江西特色的重大科技成果产业化。联合省教育厅，在全国率先建立省属高校院所科技成果转化排行榜评价机制。首次举办科技部火炬科技成果直通车活动，建成国内首个省级“科技创新产品直播数字产业基地”。依托国家技术转移人才培养基地，累计培训初中级技术经纪人 2837 人次。依托国家“03 专项”试点示范，开展数字技术攻关和成果转化应用，在鹰潭市举办江西国际移动物联网博览会，集中展示数字技术创新成果 160 余项，有效提升了“智联江西”和“数字江西”影响力。推动省政府与中国有研科技集团合作，促成总投资 10 亿元的“新一代电池材料研发及产业化”项目落地新余市。

3. 人才情况

以建设中部地区重要人才中心为目标，着力做大科技人才总量，构建有鲜明江西特色的人才发展体制。一是加大人才引培力度。优化“赣鄱俊才支持计划——主要学科学术和技术带头人培养项目”体系，针对产业发展“卡脖子”技术难题，针对性举办“庐山对话”“智芸赣鄱”“海智惠赣鄱”等招才引智活动。2023年全省新增引进人才7.2万人，同比增长114%，其中12条制造业重点产业链引进人才2.3万人，占总数的31%。全面落实“博九条”政策，全省共设立博士后站294家，其中博士后科研流动站46家，科研工作站119家、创新实践基地129家，累计招收博士后2123人，在站博士后906人。强化技工院校产教融合，136所技工院校在校生达到25.2万人，其中49所入选全国技工院校“工学一体化”建设学校。全省技能型人才总量达到537.82万人，其中高技能人才162.36万人。二是强化人才引导激励。通过单独制定评价标准、单独组建评委会、单独组织评审等措施，“一产一策”“一链一策”全力支持产业、企业人才成长，先后支持开展铜加工、锂电、稀土、纺织服装、陶瓷工程等职称评审，近三年共500余名专业技术人员取得特色产业相应层级职称。单独为企业人才开辟职称绿色通道，截至目前，全省共187名企业高级经营管理人才被直接认定为高级经济师职称。三是扩大人才服务供给。建设全省统一的公共就业服务信息平台和资源库，对接全国就业信息平台，提升跨层级、跨地域、跨部门协同管理和服务水平。搭建人力资源服务供需对接平台，组织新余、南昌、吉安等地市聚焦重点产业布局，引导产业企业和有关院校参与。全省人力资源服务产业园达到20家。通过“政府促进+市场导向”“数字赋能+基层治理”“线上服务+线下服务”为企业提供更加高效的供需服务。

4. 资金情况

积极创新政策举措，加大产业发展资金支持和投入，创新金融信贷产品。一是优化信贷结构。聚焦“1269”行动计划发布产融合作主导产业重点企业名单，引导金融机构“一链一策”“一群一策”制订专属金融服务方案。建立常态长效引导对接机制，摸排重点企业、重点项目、需求清单，组织召开全省产业与金融对接会，现场签约项目42个、金融投资316亿元。截至2023年12月末，全省制造业贷款余额4861亿元，比年初增加787亿元，占各项贷款增量比重为14.9%，比上年同期上升0.8个百分点；制造业贷款同比增长19.3%，比各项贷款增速高9.3个百分点，自2021年5月起持续高于各项贷款增速。其中，制造业中长期贷款余额2540亿元，同比增长35.9%，比各项贷款增速高25.9个百分点。二是拓宽融资渠道。拓宽直接融资渠道，纵深推进企业上市“映山红行动”升级工程，推动科技型企业在国内三大交易所上市，2023年以来共11家科技企业首发融资100亿元，晶科电力、沐邦高科等科技型上市公司再融资194亿元。打造区域股权市场“专精特新”专板，截至2024年4月底，入板企业达到419家，累计帮助302家入板企业融资69.13亿元，融资覆盖率达72.08%。支持江铜集团、江西建工等公开发行科创票据，省交投集团发行科技创新可持续挂钩公司债券，提升示范效应。三是加大财政投入。发挥财政资金杠杆作用，引导政府性融资担保机构创新担保产品，推出科贷通担保贷、专精特新贷、高新技术企业贷、映山红上市担保贷等多项产品，全省大型担保机构支持科技企业在保余额170.73亿元。对重点产业链企业年平均综合担保费率控制在1%以下，提升财政金融工具服务重点产业链的精准度。大幅增加省级工业发展专项资金规模，设立稳链强链补链奖补资金，采取贴息等财政综合奖补方式引导推动产业数字化、数字产业化。支持重大科技成果熟化及工程化研究项目、企业需求类“揭榜挂帅”重大科技研发专项，最高给予500万元项目补助。加强财政金融政策联动，推进制造业重点产业链金融奖励试点，对供应链金融企业在试点园区发放不高于LPR+150BP的融资，省市分别按年化融资金额的1%和0.5%给予奖励。

（二）存在问题

1. 产业方面

产业层次仍然不高，总体处于产业链和价值链中低端，传统产业比重偏高，以初级产品、粗加工产品为主，缺少知名品牌。规模以上工业仅居中部第四，制造业规模仅为河南的1/2、湖北的2/3，千亿元产业比湖北、湖南、河南分别少1个、4个、6个，万亿元产业仅1个。关键战略资源对外依存度较高，部分高端设备、核心零部件、基础软件受制于人，产业链供应链韧性和整体抗风险能力较弱。

2. 创新方面

创新能力仍然较弱，规模以上工业企业研发经费投入强度低于全国平均水平，有研发机构和研发能力的规模以上企业偏少，大院大所等高能级平台较少，与产业创新结合和协同不够密切。科技对产业发展支撑不足，除食品、育种、稀土、医药领域外，其他产业缺乏国家级创新平台和国家级领军人才、团队。

3. 人才方面

产业领域的高水平技术技能人才仍然不足，特别是新兴行业和领域的人才相对匮乏，不仅缺乏掌握核心技术的人才，也缺乏将核心技术应用推广的产业化人才。人才结构性矛盾突出，在学术研究、技术应用、现代服务业等领域，都面临着领军骨干人才、创新创业人才不足的问题。

4. 资金方面

各类基金间协同不够，如发展改革委管理的新兴产业创业投资基金、工业和信息化厅管理的战略性新兴产业引导基金、科技厅管理的科技创业投资基金等。科技金融规模和支持力度与企业融资需求存在差距，科技金融产品种类少、规模小，集中在银行信贷，债券、基金、保险等相关产品较少。科技中介服务供给不足，科技保险、信用担保、资信评估、投融资顾问等科技中介服务领域尚处于起步阶段，服务机构数量、规模有限，专业人才紧缺。

四、下步建议

围绕打造“三大高地”、实施“五大战略”，更好地聚焦“1269”行动计划，沿产业链优化创新链，沿创新链提升产业链，提升资金链、人才链与产业链、创新链的协同配合水平，深化产业、科技、人才、金融体制机制改革，打造耦合渗透、互融共生生态。

（一）沿产业链优化创新链，扩大研发资源供给

一是加强重点产业链研发攻关。梳理制约12条重点产业链完整性、先进性、安全性的关键技术难题，形成关键技术和“卡脖子”技术清单，积极争取国家新一轮重大科技项目在江西布局。在省级科技计划设计上，强化基础研究、应用基础研究、共性关键技术研发和典型应用示范的无缝衔接。持续推进“揭榜挂帅”、青年科学家项目等新型组织方式，在省级重大科技研发专项和重点研发计划中向企业予以倾斜支持，集合产学研优势力量重点突破。二是强化企业创新主体地位。优化鼓励企业研发的重点领域指导目录、产业基础再造目录，加强应用基础研究和原始创新。探索“链主+链创”模式，支持链主企业决定产业技术路线，发挥产业链科技创新联合体作用，推动全产业链创新。支持链主企业立足市场渠道、核心技术、品牌价值等优势，带动产业链上下游企业实施设备更新和技术改造。加快制造业数字化转型，分类推进企业数字化改造，加快推进产业大脑、数字化车间和智能工厂建设。三是优化创新平台布局。发挥创新平台在产业链现代化中的战略支撑、创新策源和前瞻引领作用，推动重点产业骨干企业研发机构全覆盖，加快提升国家虚拟现实创新中心等“国字号”平台的创新带动力。加快构建具有江西特色的实验室体系，推动全国重点实验室和南昌实验室提质增效，支持中国科学院干将创新研究院、南昌大学、江西理工大学、东华理工大学、江西铜业等机构、高校和重点企业申建、共建全国重点实验室。瞄准12条重点产业链升级需求，加快布局电子信息、材料、能源、装备制造等领域实验室优化重组。

（二）沿创新链提升产业链，加强产业前瞻布局

一是加快创新成果转化。做强前端供给、提升中端服务、促进后端落地，引导机构、人才、平台、资金和项目向产业链集聚。用好用活江西省现代产业引导基金等基金，深度参与“1269”行动计划，促进引导基金与实体经济、新兴领域、战略方向深度融合。引聘国内外科技领军人才到重点企业担任“科技副总”，助力企业真正成为研

发投入和成果转化的主体。二是提质新兴产业发展。聚焦电子信息、装备制造、锂电新能源、生物医药、航空等优势新兴产业，不断加大新技术、新发明高质量供给，提升行业话语权，加快形成规模倍增趋势和技术迭代优势。紧盯 VR、大数据、信息安全、生物安全等新一代信息技术产业发展趋势，加快创新成果的产业化。三是提速未来产业培育。实施未来产业发展三年行动，加快推动未来技术产业化，打造“3+3”未来产业链群。建设未来产业先导区，探索发展新模式和示范新机制，如九龙湖“元宇宙”试验区、南昌北斗产业基地、九江石墨烯及碳纳米管产业基地等。

（三）沿创新链、产业链完善资金链，推动产业加速升级

一是强化产业创新项目资金保障。加大江西省科技专项资金对基础研究、重大科技基础设施建设的投入力度，鼓励省自然科学基金与企业和相关部门设立合作基金，用于支持关键技术研究。支持首台（套）关键技术装备研发创新、产学研用合作，完善首台（套）产品推广应用机制，鼓励保险机构开发使用首台（套）技术装备的保险产品，搭建供需对接平台，建设推广应用基地。二是加强对产业体系建设的资金支持。围绕深化落实“1269”行动计划，加大传统产业升级、新兴产业培育和未来产业导入的金融支持，保持制造业贷款增速不低于各项贷款平均增速势头，加大制造业中长期贷款供给。优先保障企业设备更新和技术改造的合理融资需求，创新应收账款池质押融资、“政采贷”等供应链金融产品的应用场景。支持制造业企业发行债券，发挥江西省现代产业引导基金作用，创新“链主+基金”工作模式，助力产业优化升级。三是完善科技创新领域的金融支持。优化金融支持科技创新企业白名单，采用“贷款（担保）+远期权益”“贷款（担保）+外部直投”等业务新模式支持科技型企业，用好“科贷通”“技术流”“流水贷”等产品，推广知识产权质押融资，不断提升科创企业首贷、信贷规模。深化数字金融应用，不断丰富“赣金普惠”平台功能。支持科技型企业上市融资，纵深推进企业上市“映山红计划”和北交所上市“黑马计划”，加强对科技型企业上市的辅导。

（四）依托“三链”聚合人才链，构建强大智力支撑

一是加强急需紧缺人才引培。定期更新急需紧缺人才目录，围绕 12 条重点产业链制定专项人才政策。用好江西省“双千计划”“赣鄱俊才支持计划”“赣鄱英才计划”等各类人才支持计划，加大氢能科技人才培养使用。落实科技创新创业人才团队遴选实施办法，常态化开展“才聚江西 智荟赣鄱”引才活动，针对重点产业链开设专场。探索通过以才引才、引进创新创业人才团队、设立“人才飞地”等方式，不断拓宽招才引才渠道、加强人才自主培养，形成“以产聚才、以才兴产、产才互融”的良好局面。二是推进产教融合协同育人。聚焦重点产业链需求做好产教融合工作，加大技能人才供给。持续做好高技能人才激励，选拔一批顶尖技能型人才享受特殊津贴政策和

省级表彰。持续拓展职业技能培训，广泛开展职业技能竞赛。支持订单式培养、套餐式培训等技能型人才培养方式，采用校企双制、校中厂、厂中校等方式，完善项目制培养模式，针对不同类别不同群体高技能人才实施差异化培养项目，打通“企业订、学校训、企业收”的人才循环链。三是强化人才发展激励保障。健全企事业单位人才薪酬内部管理监督制度，完善绩效考核方案，优化内部分配激励办法，推进薪酬分配向关键岗位、业务骨干和主要贡献人员倾斜，建立能够激发创新活力、突显知识价值、管理规范有效、保障激励兼顾的薪酬制度，调动产业链上各类创新人才的积极性和创造性。

（五）深化体制机制改革，推动“四链”高水平融合

一是建立数据高效流通机制。结合省级数据交易市场建设，搭建连通创新链、产业链，融合技术、人才、资金、企业等多方供需信息的网上平台，形成全省各类创新资源网上集聚池。大力培育和发展网上常设技术市场，定期开展技术交易补助，引进科技中介服务，激发技术交易各方活力，完善技术交易服务链条，推动技术生产要素自由高效流动，加速技术成果在企业落地转化。二是健全创新资源共享机制。优化提升科技资源共享服务平台功能，推动科研平台、科技成果报告、科学研究数据、工程实验数据等在安全前提下向企业和研发人员有序开放，支持企业充分利用数据要素驱动创新。迭代升级省大型科研仪器开放共享平台，推动各类实验室、重大科技基础设施、大型科研仪器等加大向企业开放力度，提高民营企业获得创新资源的公平性和便利性，降低民营企业科技创新成本。三是完善科技成果转化机制。构建市场导向的科技成果转化机制，全面深化职务科技成果赋权改革，建立职务科技成果单列管理制度，扩大科研单位职务科技成果转化自主权。鼓励企业投资职务科技成果转化项目，加强对技术转移转化服务机构及人员的现金及股权激励，支持有条件的高校开设技术转移转化专业，拓宽科研单位技术转移转化人才职称评定通道。四是改革成果考核评价机制。破解成果评价中的“唯论文、唯职称、唯学历、唯奖项”问题，对具有重大学术影响、取得显著应用效果、为经济社会发展和国家安全作出突出贡献等高质量成果，提高其考核评价权重。科学确定个人、团队和单位在科技成果产出中的贡献，坚决扭转过分重排名、争排名的不良倾向。鼓励银行等金融机构建立以企业创新能力为指标的科技型企业融资评价体系，提高小微型、初创型科技企业授信。

聚焦未来产业发展重点 加快江西新质生产力布局*

2023 年 10 月，习近平总书记考察江西时强调，要找准定位、明确方向，整合资源、精准发力，加快传统产业改造升级，加快战略性新兴产业发展壮大，积极部署未来产业，努力构建体现江西特色和优势的现代化产业体系。2024 年全国两会期间，习近平总书记在参加江苏代表团审议时强调，因地制宜发展新质生产力。江西省委十五届五次全会明确提出积极部署未来产业，为加快江西新质生产力布局指明了基本方向。对此，江西应聚焦未来产业重点模式、重点赛道、重点任务，构建体现江西特色和优势的新质生产力布局，坚定不移推动高质量发展。

一、聚焦重点模式，充分借鉴先行省市发展未来产业的先进经验

（一）产业集聚发展模式

主要基于地方产业的现有基础和优势潜力，制订未来产业集群培育行动计划，积极发展高潜能未来产业，打造具有区域特色的未来产业集群，以产业集聚推动未来产业发展。山东省加快打造潍坊市元宇宙产业集群等 15 个省级未来产业集群，推动各市加大未来产业集群支持力度，完善政策配套，集聚技术、人才、资金等要素资源，形成特色明显、错位发展的未来产业集群格局。广东省细化未来产业行动计划，将未来产业集群细化为未来材料、未来绿色低碳、未来生命健康、未来智能装备和未来电子信息五个方面的产业集群，并分别印发相关政策文件。以未来材料产业集群行动计划为例，提出在仿生智能、超导等多领域的重点工程，加强技术源头创新、构建成果转

* 本文已发表于《老区建设》2024 年第 5 期，收录本报告中略有改动。

化体系等多方面的重点任务，促使广东省未来材料产业集群的发展方向更明、路径更清。

（二）技术引领发展模式

聚焦未来产业领域技术突破与发展，大力推进前沿技术基础研究，支持未来产业概念验证，鼓励建设创新应用实验室和未来场景应用实验室，以技术引领推动未来产业发展。江苏省聚焦类脑智能、量子模拟、合成生物等10个基础领域，细分项目类型，重点支持前沿类、探索类和攀登类项目，周期内按年度拨付项目经费，并开展项目中期进展评估，评估结果将影响项目后续资助情况。湖北省通过组建喻越概念验证中心、设立专项基金推动未来技术孵化，入选首期验证计划中的项目可以获得最低30万元、最高50万元的资金支持。杭州通过开展未来技术概念验证赛的方式推动技术研究，吸引了众多投资人、创业者和研究人员。成都市组织申报建设创新和未来场景应用实验室，同时创立新经济产业基金项目储备库，获评的实验室项目将优先进入储备库，并可获得最高200万元的直投支持，实验室在实验期满、验收评审通过后也可获得审计认定的实际项目成本的15%经费支持，最高200万元。

（三）主体创新发展模式

围绕未来产业重点发展方向，通过创新联合体、专家委员会等多主体组织形式，汇聚企业、高校、科研院所等智力资源，构建政、产、学、研、用融合体系，以主体创新推动未来产业发展。江苏省大力支持第三代半导体、类脑智能、量子科技等未来产业领域组建创新联合体，根据牵头单位性质，将创新联合体区分为平台支撑和企业引领两种组建方式，并在优先开展关键核心技术攻关、加强金融支持、省地协同推动等方面出台一系列具体支持措施。上海市汇聚行业专家资源，聚焦先进核能、新型储能、脑机借口等分别成立未来产业行业专家委员会；聚焦投资领域，汇集国内知名天使、PE、VC等各类科技创新投资参与主体，组建未来产业投资专家委员会。

（四）优化布局发展模式

立足地方产业生态，明确未来产业发展重点及细分领域，科学部署产业空间，充分利用国际国内两种资源，强化协同共促，以优化布局推动未来产业发展。北京市明确未来产业中的六大领域作为发展重点，明确海淀、房山、经开区等区域的未来产业布局，如经开区面向量子信息、元宇宙、氢能等20个细分领域，重点部署17个产业。深圳市将“飞地经济”模式拓展，聚焦未来产业中的新材料等领域，在哈尔滨市、汕尾市等多地建设园区，通过“总部研发+基地生产”链条，实现未来产业协同发展。

二、聚焦重点赛道，构建体现江西特色和优势的新质生产力布局

（一）聚焦人工智能赛道，培育未来信息产业新动能

作为颠覆性技术革命，人工智能将深刻改变人类生产生活方式和思维方式，对经济发展、社会进步等方面产生重大而深远的影响。近年来，我国人工智能产业实现快速增长，在技术创新、应用生态等方面都跻身全球前列。2013 年至 2023 年 9 月，全球人工智能专利申请量累计达到 129 万件，我国人工智能专利申请量占全球 64%，位列世界第一。目前，国内相关核心产业已达 5000 亿元规模，智能工厂及数字化车间建设数近万个，行业企业近 4500 家。未来，人工智能技术将极大地促进生产标准化、自动化、模块化的提升，并赋能更多行业应用。国务院于 2017 年印发的《新一代人工智能发展规划》中的战略目标显示，到 2025 年，我国人工智能核心产业规模将超 4000 亿元，带动相关产业规模超 5 万亿元。江西积极布局人工智能领域，出台《关于加快推进人工智能和智能制造发展的若干措施》，成立江西省人工智能产业联盟、江西省人工智能学会，省内高校加大人工智能研究力度，南昌大学、华东交通大学等院校成立人工智能研究院，在智能医疗系统、工业物联网系统及应用领域等开展研究。

下一步应围绕人工智能产业化、技术应用融合化、战略布局前沿化，优化人工智能产业布局，明确产业定位，以南昌、上饶、吉安等地为重点，推动形成南昌数字经济室、人工智能创新策源地，上饶人工智能算力支持中心，吉安人工智能技术转化集聚区等，支持南昌、赣州、九江、上饶和宜春等地加快建设发展数据中心，形成“一核引领、多点支撑”的人工智能发展格局。

（二）聚焦稀土功能、高性能金属材料赛道，培育未来材料产业新动能

未来材料产业作为上游工业产业，是国民经济发展的基础性产业，既是实体经济的根基，也是提高国际竞争力的重点所在。当前我国积极推行“碳达峰、碳中和”目标战略，给新材料市场带来了巨大拉动作用，加之其他相关新兴产业如智能制造、新能源等的飞速发展，未来材料的战略地位逐渐显现。根据工业和信息化部数据，2023 年 1~9 月，我国新材料产业总产值超过 5 万亿元，保持两位数增长，未来新材料产业进入发展加速期。预计 2025 年，我国未来新材料产业总产值将达到 10 万亿元规模，年均复合增长率达 13. 5%；到 2030 年，我国对未来新材料的战略需求更加突显。

稀土功能材料、高性能金属材料是未来新材料的重要组成部分，江西具有良好的资源优势和产业基础。江西拥有丰富的有色金属资源，已形成矿山采选、分离、冶炼、深加工及应用、资源回收利用等较为完整的稀土产业体系，且在开采、冶炼等上游环节技术处于全球领先地位，拥有世界上唯一可实现元素全分离的冶炼分离生产线及中国科学院赣江创新研究院、国家稀土功能创新中心等重要协同创新平台。

下一步应积极支持赣州高新区、赣州经开区、龙南经开区组团，打造以“一核两区”为重点的稀土永磁电机产业集群。积极发展钨基新材料，打造赣州市、九江市为核心的钨产业集群。引导鹰潭打造高性能铜合金材料产业集群，打造全国铜基新材料重要基地。支持南昌聚焦特种金属材料、有色金属材料以及化学新材料等细分领域发力，拉长增厚新材料产业链条，打造硬质合金材料、环保建材金属新材料等产业集群。

（三）聚焦智能制造系统集成赛道，培育未来制造产业新动能

智能制造是未来工业发展的趋势，将彻底改变传统制造业的生产方式和商业模式，带来巨大的经济效益和社会效益。随着国家政策支持以及数字化的不断推行，我国智能制造业产值规模持续保持增长态势，智能制造产业体系也已初步完成构建，以自动化生产线、智能控制系统、智能检测与装配装备以及工业机器人等为主要形式。2022年，我国智能制造装备市场规模超 2.68 万亿元；智能制造产值规模破 3 万亿元，同比增长 14.9%。中商产业研究院预测，2023 年我国智能制造产值规模增长至 3.92 万亿元。伴随传统制造业技术升级和自动化改造的持续推进，以及制造业行业国产产品替代的不断扩大，作为智能制造的核心，系统集成技术将呈现巨大需求。

江西省把发展智能制造作为推进制造业高质量发展的重要途径，智能制造成熟度稳步上升，系统集成技术水平逐步提高。初步构建“1+3+12”政策体系，推进企业数字化转型和智能化改造。积极发挥标杆企业的引领和辐射作用，牵引带动同行业其他企业实施智能化改造，目前已成功培育 7 家国家级智能制造示范工厂“揭榜”单位，并创建了 52 个智能制造优秀场景，同时在全省范围内已有 225 家智能制造标杆企业，共同助力推动“江西制造”向“江西智造”的转型升级。《江西省“十四五”智能制造发展规划》提出，到 2025 年，江西省智能制造装备产业营业收入达到 700 亿元。

下一步应聚焦于在智能制造系统解决方案方面具有显著竞争力的产品供应商、系统集成商及服务提供商积极引进或培育，以推动装备、软件以及信息技术、数控机床和自动化等领域的企业实现协同创新与共同发展。形成以南昌、上饶、吉安、赣州、鹰潭等市为重点，多地协同的智能制造系统发展格局。

（四）聚焦生物医药赛道，培育未来健康产业新动能

作为未来健康产业的核心支柱，生物医药行业不仅是战略性新兴行业的关键一环，更关乎国民福祉和国家安全，为健康中国建设奠定坚实基础。我国对生物医药产业的

发展予以大力扶持，陆续出台了多项政策，鼓励生物医药行业发展与创新，如《“十四五”生物经济发展规划》《“十四五”医药工业发展规划》等。“十四五”以来，我国医药工业主营业务收入年均增速为9.3%，利润总额年均增速为11.3%，全行业研发投入年均增长超20%，基础研究取得原创性突破，发展基础更加坚实。

江西省委、省政府高度重视生物医药产业，将其列为战略性新兴产业之一，着力打造和扶持，有力地促进了产业发展。2023年，全省医药产业实现主营业务收入873.28亿元，利润102.22亿元。拥有济民可信集团、仁和集团、青峰医药集团、汇仁药业、华润江中等一批龙头企业，形成了进贤医疗器械产业集群、樟树医药产业集群等7个主要生物医药产业集群。

下一步应坚持聚焦生物医药赛道，积极培育未来健康产业新动能。统筹优化产业核心发展区，紧紧围绕“打造国内领先、世界一流的中医药科创城”目标，集聚创新平台，引进龙头企业，构建融合开放、要素集聚、功能完善的中医药创新综合体，加速向价值链中高端迈进。加速打造产业中心发展区，以7个主要生物医药产业集群为重点，加快产业布局调整和空间优化，不断强化平台资源引聚能力，提升产业集群竞争力。培育提升产业协同发展区，支持各地依托上下游投入产出关系、龙头企业分支机构布局等，推动医药集聚区开展产业链共建、共创、共享，最大限度地提升全省生物医药产业资源要素整体利用率，构建错位发展格局。

（五）聚焦航空制造赛道，培育未来空间产业新动能

航空制造产业是高端制造业的龙头，是未来产业创新驱动发展战略的重要领域。近年来，国产客机C919、水陆两栖飞机AG600等纷纷亮相并交付使用，展现了中国已进入全球航空产业强国第一梯队。截至2023年，中国航空制造产业已申请相关专利数超4.6万项，约占全球累计申请量的31.7%；市场规模已达8200亿元，年增长率9.2%。2024年1月，国家工业和信息化部等7部门联合印发《关于推动未来产业创新发展的实施意见》，提出以科技创新推动航空未来产业创新，指明了发展先进高效航空装备的着力方向。

江西省生产了新中国的首架飞机，并同时掌握固定翼飞机和大型旋翼机的研发生产能力，是全国范围内唯一具备这一能力的省份。全省拥有航空企事业单位141家，其中营业收入超过百亿元企业2家；航空制造产业2023年总收入突破1750亿元，居全国前列。航空产品谱系涵盖军民用飞机、机体大部件制造以及通航、无人机等多个领域。2023年，省内C919大飞机机体制造超1/4份额，交付的20架ARJ21支线客机占该机型全年总交付量的60%。

下一步应围绕布局航空技术创新策源地、做旺通航市场、培育低空经济、发展临空经济区、战略布局新能源飞机产业链等，以南昌、景德镇“双轮驱动”，以吉安、九江、宜春、赣州等地“多点支撑”，推动形成全省航空制造产业空间布局。

（六）聚焦新型储能赛道，培育未来能源产业新动能

随着全球能源体系的深刻变革，能源领域技术的不断演进，新型储能产业在当代能源体系中占据举足轻重的战略地位，其重要性不仅体现在促进能源结构的优化和提升能源利用效率上，也是实现能源安全、环境保护和经济可持续发展的关键驱动力，是实现“碳中和”目标不可或缺的战略支撑。“十四五”期间，国家制定印发了《关于加快推动新型储能发展的指导意见》《“十四五”新型储能发展实施方案》《新型储能项目管理规范（暂行）》等政策文件，在技术发展、市场定位、运行管理等方面强化了政策引导，为新型储能发展提供了有力支撑。到 2023 年底，全国范围内已经成功建成并投入运营的新型储能项目，累计储能容量达到了 6687 万千瓦时，装机容量则达到了 3139 万千瓦。各地相关政策持续加码，多地加快新型储能发展，11 省（区）装机规模超百万千瓦，新型储能成为各省市培育经济新动能的重要抓手。

江西省不断优化能源产业结构，积极推进新型储能示范应用落地、规范构建全过程管理体系、逐步完善相关配套政策，结合实际制订《江西省新型储能发展规划（2024—2030 年）》，全面推动新型储能产业健康有序发展。目前江西已经投产新型储能 29 座、装机规模 45.7 万千瓦，位居全国第 16、华中区域第 3。江西锂矿和稀土资源富集，锂电产业发展势头强劲，部分储能产品技术领先，在新型储能科技创新和产业应用上有一定优势。

下一步应统筹规划宜春、新余两地锂电产业，鼓励在宜春、上饶、南昌、赣州等新能源项目汇集区域配建储能设施，巩固锂盐基础优势和锂电关键材料行业地位。重点依托“新能源+储能”发展模式，加快关键技术创新突破步伐，支持赣锋锂业、宁德时代、国轩高科、南昌大学等企业、单位开展新型储能新材料、新技术、新装备攻关，提升新型储能技术创新应用。

三、聚焦重点任务，高质量推进未来产业发展

（一）加快谋划未来产业先导试验区，推动未来产业特色化集聚发展

进一步汇聚高端科技资源，推动未来产业特色化集聚发展，加快布局建设未来产业先导试验区，努力构建“点—线—面”的发展未来产业布局路径。一是明确各地未来产业先导试验区定位方向。统筹规划全省未来产业布局，围绕“3+3”未来产业链群，充分依据地方经济、产业和科技发展的特点，明确各地未来产业发展的战略定位

和重点方向，在南昌争创国家级未来产业先导试验区，其他地市建立省级先导试验区，形成各地错位发展、各具特色的全省未来产业布局。针对“3+3”未来产业链群，加快印发未来产业发展政策文件，明确省内未来产业发展格局，细化未来产业中长期发展任务，提升未来产业发展工作的科学性、执行性，做到“一产一策”。二是创新未来产业先导试验区发展模式。在传统产业集群方式基础上创新建设网络协同型未来产业先导试验区，尝试采用“一中心多平台”形式，引导具有创新要素关系但跨空间区域的企业、研发机构等各主体通过创新中心实现网络化集聚，以推动产业范式从传统的空间集中转变为更加灵活的平台集聚，实现更高效、更广泛的创新合作与资源共享。发挥平台在其中的战略性作用，建立健全平台数据开放共享的有效机制，积极促进平台经济的产业范式变迁，以平台驱动为引领，数字化运作为路径，最终建设形成网络协同型未来产业先导试验区。三是提升未来产业先导试验区开放水平。聚焦于国内外带动性强的重大项目，以技术领先程度、市场发展前景为考察重点，深入筛选创新主体和关键技术，同时致力于引进具有巨大发展潜力的创新型企业，以此推动未来产业的持续创新和发展。积极与国内外其他未来产业先导试验区开展交流合作，加强双方在未来产业领域的产业链优势互补、核心技术协同创新、应用市场开发合作，深入对接长三角、粤港澳等未来产业先发地区，加大对省内头部企业建设“科创飞地”的支持力度，推动形成更加开放高效的创新生态，探索构建跨区域未来产业协同发展体系。

（二）加快推动技术创新和产业化，打造未来产业原创技术策源地

加快突破更多未来产业关键核心技术，以科技创新推动产业创新，推进颠覆性技术研发应用及成果转化，打造未来产业原创技术策源地。一是推动未来技术创新突破。依托省内国家实验室研究基地、全国重点实验室、省级实验室、高校和科研院所、创新型企业等创新主体，积极对接国家战略科技资源，引领或协同推动国家级创新平台的设立与发展，大力建设未来技术实验室。聚焦江西优势领域，加快形成前沿性、交叉性、颠覆性技术原创成果，构建新材料、智能制造、生物医药等未来产业领域的科学高地。注重以未来产业应用需求为牵引，支持龙头企业协同构建一批高水平的科技公共服务平台和技术平台，鼓励发展企业牵头组建的创新联合体、新型研发机构等多主体创新体系，创建多元参与的技术研发生态。二是促进未来技术成果转化。落实好《江西省科技成果产业化实施方案（试行）》，加快推动概念验证中心、先进技术成果转化中心等设施建设，高水平开展科技成果概念验证、工艺验证、中试熟化和应用场景、商业模式策划等服务，打造一支高水平、专业化的科技成果转化服务队伍，弥补科研机构基础研究成果与市场化之间空白的关键环节，助力打通科技成果转化“最初一公里”。加强创新活动市场导向性，应用研究由用户和专家等第三方评价，建立由市场决定技术创新立项、实施和评价的机制。三是加强科技企业孵化器建设。加大孵化器布局力度，推进开发区和先导区合理布局孵化器，引导高校、科研院所等围绕优势

专业领域建设孵化器，鼓励龙头企业围绕未来产业共性需求和技术难点建设孵化器，动员各类型创业社区切合当地条件建设众创空间、大学科技园等新型孵化器。强化孵化器增值服务能力，打造“创业苗圃+孵化器+加速器”的全产业链培育模式，建立健全孵化器服务接力促进机制，提升服务质量和运行效率。推广“投资+孵化”模式，围绕创业链部署资金链，构建梯度孵化投资服务体系，提升孵化器融资服务能力。

（三）加快培育壮大企业主体，形成未来产业发展主引擎

布局未来产业就是布局未来产业的市场主体，要坚持外引内培，打造支撑未来产业发展的坚实队伍，善于抓好最具活力的企业，以特色未来产业培育优质企业，以企业发展带动未来产业提升。一是创新招引优质企业路径。聚焦全球灯塔工厂、“三类500强”企业、上市公司、国家高新技术企业、“独角兽”企业、瞪羚企业及专精特新企业，着力引进一批优强项目。精心举办世界赣商大会、江西省对接粤港澳大湾区经贸活动周等活动，通过重大活动的集聚效应，有效汇聚多种类型的高质量创新要素。同时大力支持高校研究机构及科技企业等多主体共同成立各细分领域的未来产业投委会，推动活动优选项目与创投扶持项目相互联动，高效孵化未来产业项目落地，帮助创新型企业充分释放潜力。推动开发区转型升级、创新提升，支持推动外商投资研发中心及中德、中日等国际产业园建设。二是完善科技型企业梯次培育体系。引导头部企业和国有企业平台化发展，着力打造一批在产业链中占据话语权的生态主导型企业和具备国际地位的领军企业。鼓励高新企业增加未来技术研发成本，加强资本运作以更好发挥资本市场作用。实施未来科技企业孵化行动，高质量孵化培育一批成长性科技型企业、专精特新企业、小巨人企业，培育更多未来产业领域“独角兽”企业。加强金融服务，利用创业引导基金、财政集成奖补和私募股权融资等多种金融服务助力中小企业发展。三是创建产业创新联合体。探索“科创+产业”产学研用协作模式，围绕产业链关键环节、关键领域、关键产品，实施一批原创性、引领性、带动性强的重大科技项目，力争实现更多原创性、引领性突破。加快推动“产业大脑”建设“揭榜挂帅”有关工作，支持头部企业牵头建设“科学家+工程师+企业家+投资家”未来产业联盟、科技创新联合体，构建未来产业领域创新协同、产能共享、供应链互通的融通发展格局。推进政产学研一体化发展，针对未来产业细分产业创建对应的专家委员会，整合高校、行业智库、科研院所和高新企业等高端智力资源，精准研判未来产业发展趋势，加速推进关键未来技术和材料的研发突破，促进未来产业链上下游之间的交互，为未来产业蓬勃发展提供有力支撑。

（四）加快丰富应用场景，促进未来产业技术加速突破

应用需求拉动技术进步，而技术进步也催生应用需求。在未来产业的发展中，应用场景对未来技术发展的带动将更加明显，是未来技术创新的重要推动力。一是开拓

新型应用场景。根据未来技术在不同创新发展阶段具有的不同表现形式，搭建对应的多样化场景，包括早期探索、融合创新以及应用示范等，帮助未来技术实现从理论到实践的跨越，推动技术的广泛应用和产业的持续发展。围绕装备、原材料、消费品等重点领域，面向设计、生产、检测、运维等环节打造应用场景，以产品规模化迭代应用促进未来产业技术成熟。在建设未来产业科技园的基础上，充分利用平台集聚的创新要素，与多主体合作建设以场景应用实验室为主的综合验证平台，充分研究概念和场景验证路径，使未来技术产业化全过程流畅衔接。二是推进场景融合赋能。围绕构建交互性强、精确度高的虚拟空间，以虚实结合的形式拓展场景融合，推进智能工厂、数字城市孪生可视化，加速推动以智能制造、数字城市等为代表的未来产业应用领域发展。同时积极促进量子通信、脑机接口等前沿未来技术与传统产业的融合应用，聚焦产业融合发展，推动传统产业数字化、未来化，引导产业的转型升级。加快元宇宙、生物制造等新兴场景推广，以场景创新带动制造业转型升级。依托南昌都市圈建设，打造绿色集约的产城融合场景。探索未来技术应用场景融合示范工程和争取更多应用场景在江西落地试点。三是建设示范应用场景。定期遴选发布典型应用场景清单和推荐目录，建立优秀案例和解决方案库。发挥专精特新企业、创新型企业及“独角兽”企业等在技术应用场景中的示范和引领作用，引导其积极融入未来工业、数字城市场景的构建，以此促进企业成长。应用场景发布机制常态化，定期评选优秀未来技术应用场景建设案例。政府应加强与相关企业的合作，引导强化未来应用场景中供需双方的对接与交流，加速未来技术产业化。

（五）加快优化支撑体系，营造推进未来产业发展良好氛围

培育和发展未来产业的需要，优化产业支撑体系，构建支持未来产业发展的长效机制和良好氛围。一是强化标准制定和专利保护。统筹省内布局未来产业标准化发展路线，加快重点行业标准的研究和制定，注重未来产业标准应用推广，引导业内企业对标达标。鼓励企业将自主知识产权与技术标准相融合，注重专利保护，完善关键领域自主知识产权建设及储备机制。深化与国内外知识产权组织协作，构建完善未来产业高质量专利遴选、评价及推广体系。二是强化未来产业设施建设。加快区域超算中心、大科学装置等创新基础设施建设，前瞻布局6G、卫星互联网、手机直连卫星等关键技术研究，构建高速泛在、集成互联、智能绿色、安全高效的新型数字基础设施。加速前沿技术转化应用，同步构筑中试能力，按产业需求建设打造未来产业科技策源地。布局一批中试和应用验证平台，提升精密测量仪器、高端试验设备、设计仿真软件等供给能力，为未来产业关键技术验证提供试用环境。三是强化支持企业政策供给。不断完善科技金融、技术交易、研发用加计扣除、增值税留抵退税、装备首台（套）、创新奖励、推广补助等政策，以惠企政策赋能产业发展。加快完善未来产业行业管理职能，改进新技术、新产品、新商业模式的准入管理。组织行业主管部门会同行业协

会、标准化专业机构，围绕企业发展需求，开展未来产业领域标准的宣贯、培训、交流，将先进技术、先进理念、先进方法以行业标准形式导入企业研发、生产、管理等环节。坚持发展和帮扶并举，加快完善中小企业工作体系、政策法规体系、优质高效服务体系，构建未来产业大中小企业融通发展的良好生态。四是强化技术人才队伍支撑。依托国家和省重大人才工程（计划），研究制定未来产业核心人才库和紧缺人才图谱，靶向引进国内外顶尖科学家和科技创新领军人才。推动学校与科研院所、企业等机构的相互合作，强化产教融合。建立人才跟踪培养机制，培育一批具有创新潜力的本土青年人才。营造容错试错的良好创业环境，高质量举办各类创新创业大赛，吸引和集聚国内外创新团队和硬核人才来赣发展、留赣创业。

参考文献：

[1] 张林，蒲清平．新质生产力的内涵特征、理论创新与价值意蕴［J］．重庆大学学报（社会科学版），2023，29（6）：137-148.

[2] 周文，许凌云．论新质生产力：内涵特征与重要着力点［J］．改革，2023（10）：1-13.

[3] 徐政，郑霖豪，程梦瑶．新质生产力赋能高质量发展的内在逻辑与实践构想［J］．当代经济研究，2023（11）：51-58.

[4] 魏崇辉．新质生产力的基本意涵、历史演进与实践路径［J］．理论与改革，2023（6）：25-38.

[5] 石建勋，徐玲．加快形成新质生产力的重大战略意义及实现路径研究［J］．财经问题研究，2024（1）：3-12.

[6] 李雪霖，李雨凌，彭健．未来产业的地方实践与经验启示［J］．经济，2024（1）：28-30.

[7] 姚子云．江西：科技创新“蓄势赋能”新质生产力［N］．经济参考报，2024-01-19（007）.

[8] 张辉，唐琦．新质生产力形成的条件、方向及着力点［J］．学习与探索，2024（1）：82-91.

[9] 周文，李吉良．新质生产力与中国式现代化［J］．社会科学辑刊，2024（3）：1-11.

[10] 邱丹逸，万晶晶，黄怡淳等．国内外推动未来产业技术成果转化的战略部署及对广东省的启示［J］．科技创业月刊，2023，36（11）：35-39.

做优做强江西数字经济的对策*

党的二十大报告强调，加快发展数字经济，促进数字经济和实体经济深度融合，打造具有国际竞争力的数字产业集群。习近平总书记三次亲临江西考察指导，多次对江西发展数字经济作出重要指示，为江西推动数字经济高质量发展提供了根本遵循。数字经济是发展新质生产力的现实路径，做优做强江西数字经济，释放数字化发展的放大、叠加、倍增效应，对于抢抓数字经济发展时代机遇，推动江西高质量发展，加快打造“三大高地”、实施“五大战略”具有重要意义。

一、国内数字经济发展趋势与现状

数字经济增长已经进入快车道，数字技术作为推动经济增长的主要动力，为我国经济转型升级提供了坚强支撑。

（一）总量保持高速增长

2022 年，我国数字经济规模超过 50 万亿元，总量居世界第二，占 GDP 比重提升至 41.5%，同比名义增长 10.3%，已连续 11 年显著高于 GDP 增速（见图 1）。根据《中国数字经济发展指数报告（2023）》，北京、广东、上海、江苏、浙江等 10 省处于数字经济发展第一梯队，第二梯队包括河南、重庆、河北、贵州、江西等 12 省，内蒙古、新疆、黑龙江、吉林等省处于第三梯队（见图 2）。

---

* 本文已发表于《江西经济社会发展报告（2024）》，收录本报告中略有改动。

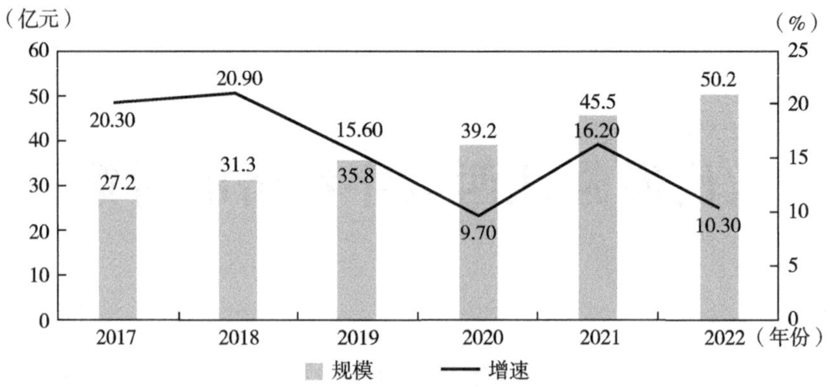

图 1　我国数字经济发展情况

资料来源：各政府官网公开数据整理。

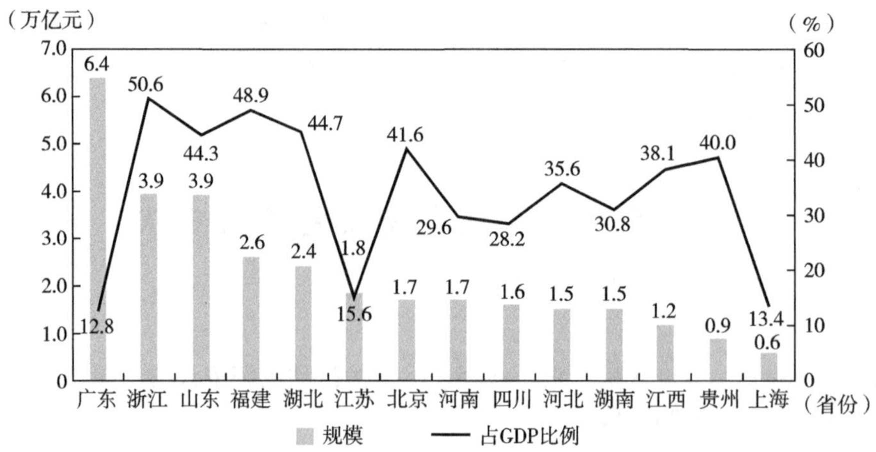

图 2　部分省份数字经济发展情况

资料来源：各政府官网公开数据整理。

（二）发展结构不断优化

2022 年，我国数字产业化规模达到 9. 2 万亿元，占数字经济比重为 18. 3%。其中，第三、第二、第一产业数字经济渗透率分别为 44. 7%、24. 0%和 10. 5%，同比分别提升 1. 6 个、1. 2 个和 0. 4 个百分点，第二和第三产业的渗透率增幅差距进一步缩小，形成服务业和工业数字化“双轮驱动”格局。产业数字化规模达到 41 万亿元，占数字经济比重分别为 81. 7%，占 GDP 比重 34%，同比增长 10. 22%。2023 年数字经济核心产业销售收入占全部销售收入的比重达 12. 1%，电子信息制造业筑底企稳，软件业量效齐升，互联网行业稳步恢复。网络基础设施不断夯实，服务能力持续升级，算力总规模全球第二，数实融合全面深化。数字消费提速发展，2023 年网上零售额达到 15.4 万亿元，同比增长 11%。

（三）发展形势出现分化

从投资看，2017~2023 年我国数字化服务平台投融资活跃度逐年下降，长三角、珠三角等经济发达地区的数字化服务平台投融资热度高涨，其中上海的融资企业最多，融资数量占比达到 41%，广东达到 22%。从企业看，发达省份数字经济企业数量占据绝对优势。在存量企业方面，截至 2023 年 2 月底，广东、山东和浙江数字经济产业存量企业数量位列全国前三，分别有 406436 家、215229 家和 183425 家（见图 3）。新增企业方面，2022 年 3 月至 2023 年 2 月，广东、山东和江苏数字经济产业新增企业数量位列全国前三，分别新增企业 65191 家、46098 家和 37642 家（见图 4）。

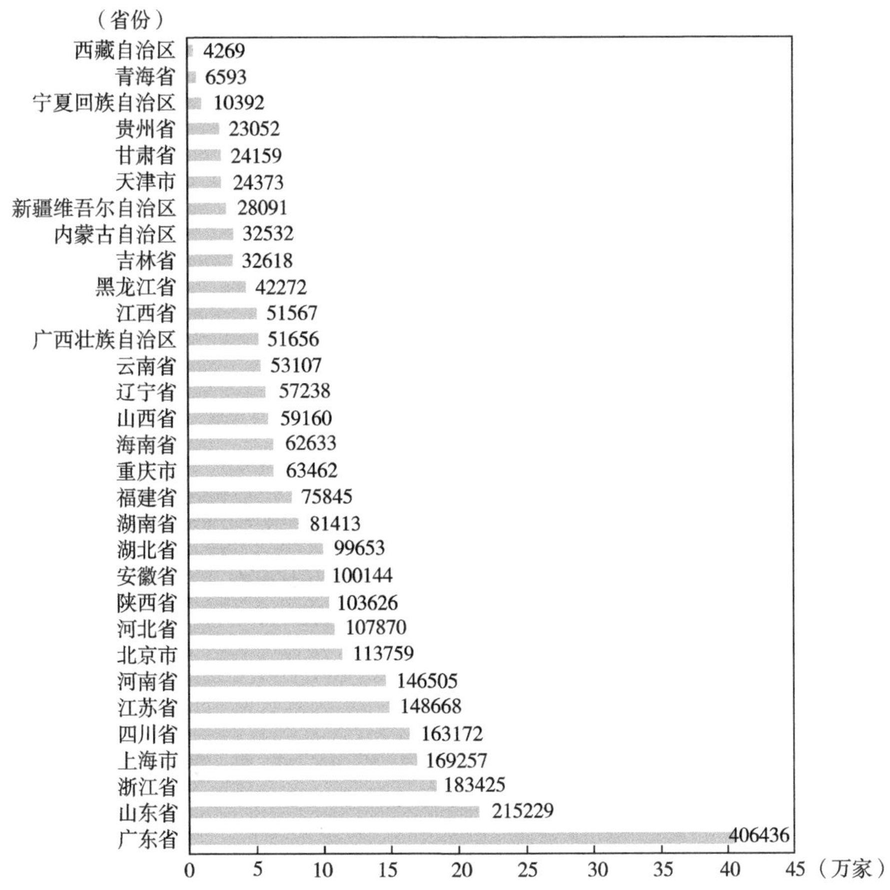

图 3　全国数字经济存量企业区域分布

资料来源：上奇产业通发布《2023 中国数字经济产业报告》公布数据。

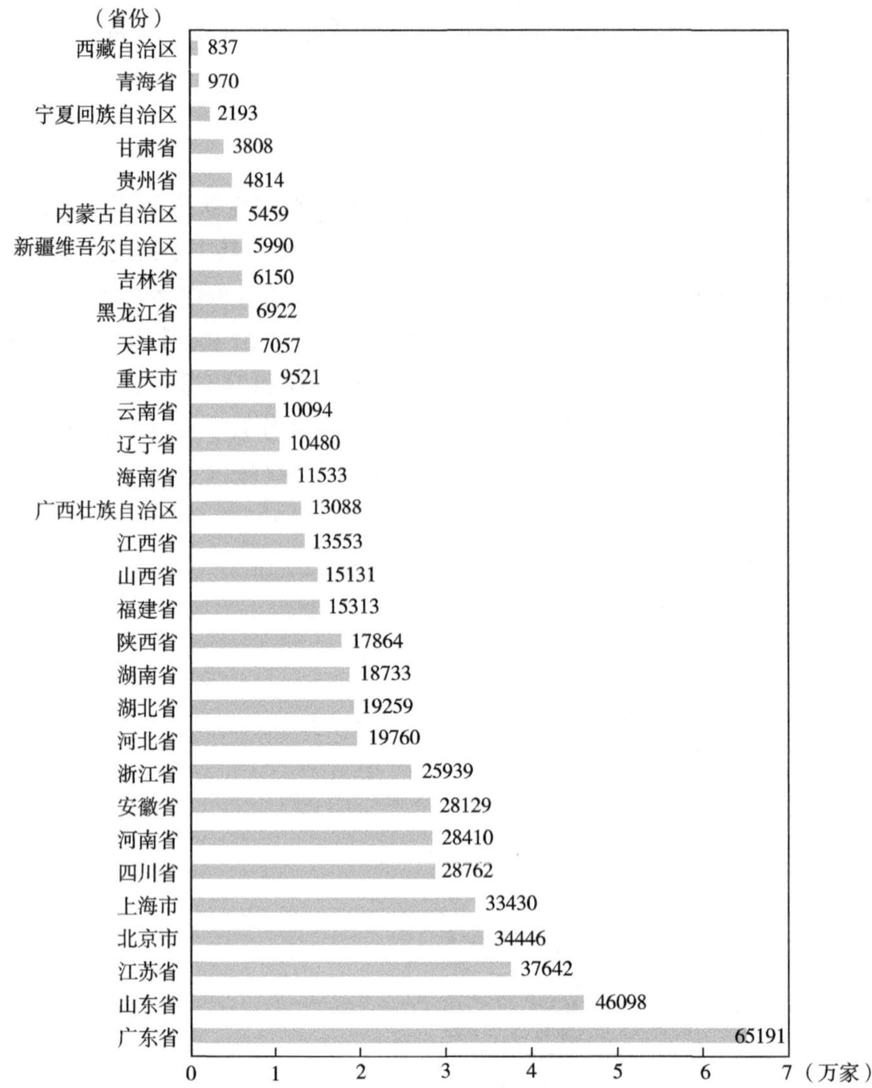

图 4　全国数字经济产业新增企业区域分布

资料来源：上奇产业通发布《2023 中国数字经济产业报告》公布数据。

二、江西数字经济发展现状及存在问题

（一）发展现状

近年来，江西省委、省政府深入贯彻落实习近平总书记关于江西发展数字经济的

重要要求，深入推进数字经济做优做强“一号发展工程”，锚定数字经济发展新高地目标，全力打造以数字经济为引领的现代化产业体系。全省数字经济承压而上、逆势上扬，2023 年全省规模以上数字经济核心产业实现营收约 1.05 亿元，同比增长 7.1%，比全省工业营业收入增速高 4.5 个百分点；全省数字经济增加值规模可达到 1.2 万亿元。

1. 数字产业发展势头强劲

深入实施数字经济核心产业创新提升行动，推动产业链“链长制”走深走实，数字经济核心产业集聚效能大幅提升。深耕数字经济产业赛道，形成以电子信息制造业为重点，软件和信息技术产业为新增长点的数字产业发展格局。聚焦京九（江西）电子信息产业带建设，主动承接发达地区产业转移，2023 年电子信息制造业实现营业收入约 1.08 万亿元，稳居万亿元台阶。VR 产业营业收入有望达到 1000 亿元，物联网产业有望达到 2000 亿元。认定三批 65 家省数字经济集聚区，其中 16 家集聚区数字产业营业收入规模超百亿元。

2. 数实融合赋能提档加速

深入实施“上云用数赋智”行动，以制造业数字化转型为突破口，协同推进农业、服务业数字化发展。推动企业数字化、网络化、智能化转型，累计上云企业达到 34.3 万家，建成智能工厂（数字化车间）1958 个。构建数字化转型促进中心体系，首批认定 7 家区域型、8 家行业型省级数字化转型促进中心。建成 400 家农业物联网示范基地、11 家智慧农场（渔场、牧场），县域农业农村信息化发展总体水平位居全国前列。直播电商、智慧物流等新业态新模式不断涌现，2023 年全省实现网上零售额 3107.6 亿元，网上零售额占社会消费品零售总额比重超过 20%。

3. 应用场景供给全域铺开

实施“全景江西”建设工程，变“给优惠”为“给机会”，组织发布三批次省级“机会清单”“产品清单”各 500 余个，遴选发布一批省数字经济技术应用场景示范项目。2022 年在智能制造、工业互联网、安全生产、智慧城市、政府治理、生态环保等领域涌现 30 个示范项目。“赣服通”6.0 版上线运行，智慧医疗、智慧旅游、智慧教育、智慧医疗平台加快完善，获批建设国家智慧教育平台整省试点省份。

4. 数字创新水平加快提升

国家虚拟现实创新中心获批建设，新增 7 家数字企业正式获批国家企业技术中心。复合半导体江西省实验室启动建设，组建数字科技创新联合体，成立 10 余家特定行业领域创新发展联盟。国家工业信息安全发展研究中心江西分中心、中国工业互联网研究院江西分院落地。实施硅基半导体、智能传感器、人工智能交互终端等领域重大研发专项，硅衬底 LED 原创技术获国家技术发明奖一等奖。

5. 数字雨林生态持续优化

2022 年新建 5G 基站 23156 个，累计建成 64306 个，5G 网络实现“乡乡通”，5G

移动用户达1599.3万户，全国排名第十一。千兆城市达9个，居全国第四、中部第一。截至2022年底建成运营数据中心45座，算力规模达1600PFlops，居全国第十一。数据要素市场建设稳步推进，发布省数据应用条例，成立省数据交易平台。截至2022年底，省数据共享交换平台共汇聚国家及省、市、县三级数据资源12.29万项。设立省数字经济发展子基金，各地数字经济基金加快组建。

（二）存在问题

江西数字经济发展仍存在总量规模不大、产业结构不优、龙头带动不强、转型难度较大、要素不够活跃等问题。

1. 总量规模不大

数字经济总体规模偏小，导致竞争力不强。2022年数字经济增加值总量仅居全国第15位、中部地区第5位，处于全国“第二梯队”。数字经济增加值占GDP比重仅为37%，比全国平均水平低4.5个百分点。数字经济核心产业增加值占地区生产总值比重8.4%，比北京和浙江分别低15.5个百分点和3.2个百分点，实现进位赶超难度较大。

2. 产业结构不优

数字经济核心产业依赖电子信息产业带动。电子信息产业低水平加工装配环节比重高达70%，研发和营销“两头弱”现象较为突出。新兴产业“势强量弱”，2022年软件和信息技术服务业营业收入占全省数字经济核心产业比重仅为1.72%。歌尔、PICO等虚拟现实整机终端龙头企业终端制造均未在江西布局。人工智能、量子计算、区块链等产业核心技术研发相对滞后。

3. 龙头带动不强

2022年，南昌市数字经济核心产业增加值占全省比重仅为23%。2023年数字经济城市发展百强榜中，南昌市排名第27位，而武汉、合肥、郑州、长沙均排在前15位。本土数字经济龙头企业仍然较少，特别是缺少旗舰型、领军型平台企业和高成长性企业。全省仅1家企业入选软件业百强。信通院公布的2022年中国数字经济TOP500企业中，江西企业仅入选4家，居全国第17位。

4. 转型难度较大

产业数字化转型速度不快、转型意识不足、治理水平不高，现有产品和解决方案难以满足数字化转型发展需求。两化融合发展水平指数排名全国第20位，其中数字化研发设计工具普及率为73.2%、关键工序数控化率为54.4%，中部排名靠后，AAAA级两化融合管理体系贯标企业数量为0。工业互联网平台普及率为13.6%，低于全国平均水平8.6个百分点。

5. 要素不够活跃

数字经济相关专业人才缺口较大，特别是业务和技术复合型的高端人才、企业家人才、实用型人才不足。数据要素市场化配置改革有待突破，部门横向协同不够，跨部门数据共享应用不多。数字经济发展基金在资本招商方面作用发挥不够，初创项目对风险投资、天使投资等市场资本的吸引力偏弱。

三、做优做强江西数字经济的对策建议

顺应数字经济发展新趋势，加快做优做强江西数字经济，总体思路是：聚焦“走在前、勇争先、善作为”目标定位，以数字产业发展为先导，以数实融合互促为主线，以数据要素为关键，以数字基础设施为支撑，以数字生态建设为保障，全面提升数字经济发展的整体性、系统性、协同性，构建“34445”数字经济发展推进体系，壮大发展规模，提升发展质效，为培育形成新质生产力、构建体现江西特色和优势的现代化产业体系提供坚实支撑。

主要路径是：解放思想、开拓进取，打破传统发展思维，以更新举措推动发展，结合江西产业优势和定位找准方向。抢抓风口、深耕赛道，按照优势领域抢位发展，细分领域错位发展原则，抢占数字经济产业赛道。资本赋能、市场运作，发挥产业引导基金作用，瞄准前沿技术转化机会，聚焦新技术落地、新产业培育加大投资。场景牵引、创新应用，创新应用场景，为孵化落地、链接赋能、跨界融合、企业培育、技术创新等提供机会。要素流通、释放价值，完善数据要素管理制度，积极融入全国数据要素市场。夯实底座、提升算力，顺应算力需求呈爆发式增长趋势，抢先布局算力资源，加紧推动算力工程。

重点举措是：着力实施数字产业化三大工程，推进产业数字化四大行动，强化数据价值化四大举措，落实数字强基四大计划，完善服务保障五大机制，构建“34445”数字经济发展推进体系。

（一）在做强核心产业上再发力，实施数字产业化三大工程

1. 赛道能级提升工程

聚焦数字经济主攻赛道，加快电子信息“攀升”、软件“攻坚”、新赛道“抢滩”，围绕新质生产力布局产业链，“一链一策”强化数字经济核心产业链供应链稳定，“一道一策”推动转型升级。在加快培育壮大 VR、物联网产业基础上，补强专业芯片、软件等短板弱项，抢抓元宇宙、新型智能、低空经济赛道风口，大力发展人工智能、VR、物联网等有竞争力的数字产业链群，推动锂电新能源赛道发展再上新台阶，区块链、先进计算等新业态新模式提速发展。布局推进无人机产业园建设，加快形成低空经济产业集聚区和创新集聚区。

2. 创新能力提升工程

全力推进“315”科技创新体系建设，以复合半导体江西省实验室建设为引领，提升数字融合、发光材料、信息安全、虚拟现实等重点领域省级创新联合体创新策源和成果转化能力，集聚“产学研用金”资源。加强数字关键核心技术攻关，滚动推进数字经济领域关键技术重大研发专项，聚焦芯片、云计算、人工智能等领域布局一批重点研发计划项目。深入实施“链长+链主+链创”机制，健全完善产业对接和利益联结机制，推动“基础研究—技术攻关—技术应用—成果产业化”全链条无缝对接，探索建立“科学家+企业家+投资家”的协同创新、成果转化和产业孵化机制。

3. 集聚水平提升工程

聚焦数字产业集聚发展，积极推动三批次 65 个省数字经济集聚区建设，培育建设具有国际竞争力的数字产业集群。强化产业链开放合作，充分发挥京九高铁“一轴”电子信息产业转移辐射力，提高产业配套能力。完善数字经济集聚区评价机制，对集聚区运行开展定期评价和情况检测。积极融“湾”接“长”扩“群”，探索结对共建数字产业合作平台、“科创飞地”。以集聚区为核心，带动区域数字经济发展提质增量。争取南昌在数字经济城市发展百强榜位次前移，争创国家信息消费示范城市。

（二）在深化数字赋能上再发力，推进产业数字化四大行动

1. 企业数字化转型攻坚行动

强化龙头企业引领带动，“分业分级”“一企一策”推动行业龙头骨干企业加快数字化转型步伐。支持龙头骨干企业率先开展新技术集成应用，牵头或参与数字化转型标准制定。发挥国有企业、大型民营企业带动作用，鼓励探索个性化定制、网络化协同、数字化管理等商业模式。深入推进“上云用数赋智”，支持中小企业使用云化软件产品，推动研发设计、生产制造和终端销售等业务系统上云。联合中国信通院、阿里巴巴、华为等组织开展全省数字经济及企业数字化转型专题培训，增强企业数字化转型意识。

2. “产业大脑+未来工厂”赋能提质行动

实施以生产线数智化改造为重点的制造业数字化转型升级计划，有序推进行业大脑、产业大脑建设，搭建资源互通共享、业务高效协同的智能化产业生态系统。“一产一策”加快数字化普及应用，针对全省 12 条重点产业链，大力推进“链主”企业主导型行业产业大脑建设，提升产业链中小微配套企业协作效率。围绕强化产业大脑支撑作用，梯次推进数字车间、智能工厂和未来工厂建设，推动智能装备全面应用、高度互联，深化“数字车间—智能工厂—未来工厂”的企业数智化升级路径。

3. 开发区数字化转型增效行动

“一园一策”推动开发区、产业集聚区数字化建设，加快推进开发区管委会、企业整体数字化转型，重点解决部门、企业数据集成难问题。深化开发区数字底座建设，

依托江西省工业园区智慧云平台，推动开发区公共数据、社会数据整合共享和开放利用。加快市级开发区管理平台建设，推动现有各类开发区管理平台统一接入省级平台。深入推进“工业互联网+园区/产业集群”建设，加快工业互联网规模化应用，推动工业互联网全面赋能园区，提升产业数字化平台和园区管理数字化平台数据融合、业务协作能力。

4. 数实融合提速行动

以数字经济赋能产业转型发展，推进制造业数字化转型和智能化升级，打造供需对接、全链协同、价值驱动的产业数字化转型生态。以数字平台资源整合赋能行业组织变革，通过数据聚合、算法优化和用户交互，形成广泛参与、资源共享、精准匹配、紧密协作的产业生态圈，推动生产组织方式向平台化、智能化、生态化转型。以数字技术融合应用赋能企业技术创新，加大集成电路、新型显示、关键软件等重点领域核心技术创新力度。以数据要素价值释放赋能市场业态重构，细化行业数据分类分级标准制定，进一步推进数据管理国家标准贯标工作，努力打破技术和协议壁垒，形成完整贯通的数据链。

（三）在培育数据市场上再发力，强化数据价值化四大举措

1. 完善数据基础制度

推动数据要素与劳动力、资本等传统生产要素的融合发展，助力传统要素突破边际贡献。发挥江西省数据局对于强化制度供给、激活数据生产力的牵头作用，研究制定具有江西特色的数据要素制度体系，完善相关规范。推动公共数据、企业数据和个人数据分类分级确权授权使用，落实有关数据产权制度，加快开展数据确权登记。建立数据收益分配机制和流通规则，保护政府、企业、个人等各参与方数据要素收益。研究制定江西省数据流通和交易负面清单，搭建交易监管平台，鼓励专业机构、企业及社会共同参与监管。

2. 打造数据配置枢纽

支持江西省数据交易平台做大交易规模，立足江西特色产业优势，加大优势产业、特色产业数据资源整合力度，搭建专业化行业数据交易平台，形成具有江西特色的数据板块。鼓励与其他省份数据交易机构加强合作，面向中部和东部地区布局数据交易链，推动与上海、浙江、山东和西部数据交易机构互联、数商主体互认、场内外交易链接，尽早加入全国数据交易联盟。探索建立数据资产价值评估机制，为数据资产金融产品开发打好制度基础。发挥内陆开放型经济试验区平台优势，争取面向国际开展数据交易业务。

3. 扩大数据产品供给

提高全省统一数据平台以及各行业数据平台、产业大脑、城市大脑等数据集质量，面向平台开展数据质量评价。依托现有平台数据，鼓励各地面向优势产业和特色产业

领域，加强产业链供应链上中下游企业数据资源的归集、融合和运营，打造行业性、知识型数据产品。落实国家“数据要素×”行动，结合数字江西建设，探索打造“数据江西”品牌，制订优势产业数据品牌建设方案，率先在电子信息、稀土有色、陶瓷、锂电新能源、中药材、水果等行业领域形成一批行业数据产品和数据品牌。

4. 深化数据开发利用

促进公共数据开放共享，建立公共数据目录，推动公共数据上链并实施全生命周期管理。制定公共数据分级分类开放管理办法，将更多事关企业和居民公共服务的高频数据纳入共享和开发范围。持续深化大数据在金融、农业、水利、交通（物流）、电力等传统行业领域的创新应用，推动大数据与各行业各领域融合，打造服务政府、服务社会、服务企业的成熟应用场景。加强民生数据在基层社会数字化、智慧化治理中的融合应用，进一步扩大医疗、养老、教育、消防、城管等社会治理相关业务覆盖面。

（四）在提升数字基建上再发力，落实数字强基四大计划

1. 高速泛在信息网络设施建设计划

加快推进新一代移动通信网络建设，推动5G网络在重点区域全覆盖，重点场所深度覆盖，重点乡镇和具备一定规模的行政村点状覆盖。推动“5G切片+边缘计算”等虚拟端到端网络技术应用，满足重点行业应用端到端高速通信需求。加快骨干网扩容升级，推动“双千兆”网络共同进入医院、学校、公共交通、住宅小区、商务楼宇等重点场所，持续扩大千兆网覆盖范围。前瞻布局空天地一体化网络，依托北斗产业链优势，探索基于卫星通信的互联网商业模式，在智能网联汽车、应急管理、智慧农业等领域率先开展应用。

2. 多元协同算力网络设施建设计划

积极融入全国一体化算力网建设，发挥江西低延迟网络优势，加快推进超算中心、先进算力中心和智算中心建设，打造多样化、普适化、泛在化的算力体系，提升江西服务“东数西算”能力。加快构建“一核四副两备”数据中心空间布局，促进数、算资源合理布局，集约绿色发展。支持南昌打造面向东部、南部沿海省份和服务省内的低延时数据中心、算力中心“双核心”。构建全省算力一张网，在上饶、赣州、九江等地布局数据中心集聚区，深化市、县两级算力节点能力建设，提升数据中心算力资源调度效率。

3. 敏捷智能物联网络设施建设计划

加快“智联江西”建设，推动物联网设施深度覆盖，结合北斗技术应用，探索建设卫星物联网。构建高中低速协同发展的物联网体系，按需推动存量2G/3G物联网向窄带物联网、4G/5G网络升级。培育壮大鹰潭物联网产业基地，推动南昌、赣州、上饶等城市部署千万级感知节点，将智能感知终端融入公共基础设施建设和行业应用，提高数据实时采集、系统应用能力。

4. 数智赋能融合基础设施建设计划

以赣州革命老区交通运输高质量发展等 7 项交通强国建设试点为先导，结合综合交通“一张图”、行业运行监测“一张网”等，探索打造一批智慧公路、智慧航道、智慧港口等交通新基建示范项目。开展“源、网、荷、储”的全域全程建设与智能化改造，打造停电可“转供”、故障可“自愈”的坚强数字化电网，协同推进新能源基础设施、供水供气服务智能化升级改造。推进智慧生态环境设施建设，加快构建一体化生态环境智能感知体系，加强 5G、卫星遥感、无人机等技术应用，利用大数据等手段提升生态环境精准监测能力。

（五）在培育数字生态上再发力，完善服务保障五大机制

1. 项目高效推进机制

坚持“项目为王”理念，深入开展“项目大会战”，对省市县三级数字经济重点项目实施台账式管理、跟踪式服务、精细化调度，真正做到项目质量高、能落地、早见效。推动数字经济产业赛道布局与重点项目谋划相结合，聚焦江西具有一定优势的半导体照明、智能终端、物联网、虚拟现实等产业，利用世界 VR 产业大会、国际移动物联网博览会、粤港澳大湾区电子信息产业推介会等平台，对接长三角，融入大湾区，分级分类谋划一批、储备一批、招引一批、建设一批数字产业延链补链型重大项目。

2. 全面开放合作机制

充分发挥内陆开放型经济试验区平台作用，用好对口合作、区域合作等机制，全面深化与共建“一带一路”国家和粤港澳、长三角等区域的数字经济合作。深化数字经济承接产业转移示范区建设，着力开展资本招商、场景招商、专业招商，推动一批重点企业和重大项目签约落地。深入深化“全景江西”推介活动，定期组织各地各部门、数字经济企业发布数字应用场景需求，持续遴选发布全省数字技术应用场景“机会清单”“产品清单”，推动更多的数字技术应用场景在赣落地。

3. 全链跟踪服务机制

完善数字化转型服务体系，持续推进产业数字化“千人入万企”，打造企业数字化转型服务生态。建立数字专员队伍，开展数字化转型入企“问诊”行动，以“一企一档、一企一诊断书”方式提供跟踪服务。发挥“数字经济专家顾问”团队作用，持续开展数字经济领域技术创新体系化支撑服务。针对数字经济重大项目的项目交办、落地、开工、投产和管理服务五个阶段开展跟踪式服务，探索建立“专家+管家”服务机制，组织国家发展改革委、工业和信息化部、财政部等有关部门业务骨干成立项目专家服务团队，全流程跟踪项目进度。

4. 营商环境升级机制

全面深化“一照多址”“集群注册”“宽入严管”“极简审批”等改革举措，推行“容缺审批+承诺制”，坚决破除市场“隐性壁垒”。对新场景、新业态、新模式设置一

定包容期，在包容期内突出行政指导与服务，推行有温度的审慎执法。深化数字经济信用监管，完善适应新业态的企业信用评价体系。发挥实现综合考核指挥棒作用，强化对数字经济发展的考核。完善激励机制，对推进数字经济发展成效突出的市、县（市、区）、企业和个人给予省级表彰。建立健全数据安全运行监管机制，加强数据安全风险信息的获取、分析、研判、预警。

5. 要素集聚保障机制

强化资金保障，对产业数字化转型项目给予贷款贴息、绩效（设备）补助等，引导企业加大对制造业数字化转型资金投入。加大金融对数字经济发展的支撑，将重点数字经济企业、项目、园区纳入金融辅导，提供精准金融服务。鼓励金融机构针对数字经济企业提供“数据贷”等金融产品，支持优质数字经济企业挂牌上市。建立“政府—金融机构—平台—中小微企业”联动机制，支持平台企业为中小微企业和灵活就业者提供价廉质优的数字化转型服务产品。创新人才政策，编制数字经济重点领域紧缺人才目录，定期开展人才发展及需求情况、人才政策实施及兑现情况调研，采取直接招录、柔性引进和购买服务相结合的方式补充紧缺人才。组建数字经济专家委员会和专家库，为高质量推进数字经济发展提供决策参谋和智力支撑。

抢抓虚拟现实“双周期”机遇
加快繁荣内容制作生态

借助世界VR产业大会影响力，江西加快集聚全球VR资源，虚拟现实产业5年“长大”20倍，2022年产业规模达到812亿元，全国VR50强企业中已有16家落户南昌。随着虚拟现实硬件解决方案和终端设备逐步成熟，价格不断下探，虚拟现实正在迎来产业复苏“拐点”，建议聚焦游戏、视听、教育三大应用场景，加快补齐江西虚拟现实产业内容制作短板。

一、虚拟现实迎来技术迭代和产业复苏“双周期”

经过多年的发展，VR产业正迈入以产品升级和融合应用为主线的战略窗口期，VR技术对实体经济赋能作用逐渐释放，产品、应用端也呈现“多点开花”的良好态势。工业和信息化部等5部门提出“到2026年，我国虚拟现实产业总体规模超过3500亿元”的发展目标，意味着VR产业作为信息产业的一大风口，有望成为新的巨量级产业板块和各地区角逐对象。

（一）技术方案实现突破

从国际来看，欧美发达地区仍占据VR核心关键技术的领先位置，尤其是随着头部公司持续加大对VR领域投入，行业技术得到快速革新。苹果公司2023年6月发布的Vision Pro终端设备成功实现单眼4K分辨率（目前主流产品最高为单眼2K），创新推出“空间芯片+传感芯片”空间计算解决方案，无需手柄即可实现人机交互，2024年上市后将引领新一轮虚拟现实终端消费潮。美国Meta秋季发布VR、MR一体化终端设备Quest3，体积、算力和交互方式对比上一代将有明显进步。

从全国来看，VR和大数据、人工智能等新一代信息技术融合发展的步伐加快，为VR产品、内容和场景创造了更多可能。VR关键技术大致分为终端（近眼显示技术、感知交互技术）、5G（网络传输技术）、内容应用（渲染计算技术、云内容制作与分发）三大板块，其中京东方等国产领先厂商已经规划近眼显示技术中的高性能 VR 液晶面板，5G 技术我国则走在全球前列，360 等厂商在云内容制作分发方面具备一定影响力。新技术的接连突破将进一步提升 VR 的真实度和舒适度，对用户更加友好。

从江西来看，北京理工大学国家重点实验室和院士工作站、北京建筑大学数字资产中心等大院、虚拟现实制造业技术创新战略联盟等行业权威机构相继落户南昌，研发实力显著增强。南昌 VR 研究院获批国家虚拟现实创新中心，目前已突破超薄 VR 眼镜显示模组、360 度全景影像模组、全景影像模组 AA 对准技术等共性技术难题，申请专利超过 100 件。

（二）设备销量跨越增长

从国际来看，随着近年来技术水平高速发展，VR 设备产销两端已呈现稳定上升的趋势，根据 IDC（国际数据公司）判断，2022 年全球消费级 VR/AR 出货量达 880 万台；根据陀螺研究院测算统计，2022 年 AR 眼镜出货量为 45.2 万台，较 2021 年增长了 25.6%[①]。例如，脸书于 2020 年发布的 VR 一体机月销量超过 1 万台，苹果、华为、索尼等科技巨头也相继地发布新品计划，优质的内容、日益成熟的硬件将不断为市场带来活力。

从全国来看，根据观研报告网有关数据，2022 年国内 VR 设备出货量合计达 121 万台，同比增长 218%；其中第四季度国内 VR 设备出货量创新高，达 35 万台，同比增长 170%[②]。此外，国内本土 VR 厂商接连推出新品，迭代节奏明显加快，爱奇艺、字节跳动、NOLO、HTC、大朋等企业相继一系列消费级 VR 产品，消费市场竞争激烈；京东方 VR 显示面板、歌尔股份 VR 光波导、华为 VR 地图导航应用等也在各细分领域具备较强竞争力。

从江西来看，依托历届世界 VR 产业大会，江西吸引了微软、华为、阿里、联想、海康威视、HTC、科大讯飞等一批行业龙头企业，相关企业的产品正向 5G 移动智能终端和 VR/AR 应用方向布局。此外，华勤、联创电子、小派等终端器件环节企业主要向生产传感器、光学器件、通信模块及摄像头、体感设备、游戏手柄等核心及配套元器件布局。联创电子 VR/AR 激光发射镜头及模组已实现量产，小派科技 VR 头显设备研发生产中心建成并首产。

① 资料来源：https：//baijiahao.baidu.com/s？id=1759986145812768054&wfr=spider&for=pc。

② VR 设备行业专题研究．Pancake 迎来渗透加速，产业链受益硬件升级［EB/OL］．https：//xueqiu.com/9508834377/241168576？_ugc_source=ugcbaiducard。

（三）应用市场热度回暖

从国际来看，近几年，VR 产业大多被认为仍处于蓄势待发阶段，其根本原因是受制于 VR 技术的局限性，下游应用场景不够丰富使风险资本踌躇不前。但随着技术突破与设备升级，消费者居家时间延长、娱乐需求提升、远程办公场景暴增，VR 游戏、VR 社交、VR 办公、VR 直播和影视等强调用户黏性内容制作赛道具备更加广阔的空间。例如，任天堂生产的 Switch、Meta 生产的 Quest 2 等产品在全球占据主流。

从全国来看，国内 VR 产业正呈现从创新应用到常态应用的产业趋势，VR 技术在舞台艺术、体育观赛、教育医疗等领域已经形成普遍应用。例如，“5G+VR”助力疫情防控，在复工复产、线上教育、远程医疗中发挥了重要作用；黑晶科技是国内“VR+教育”的“领头羊”，其核心产品 VR 超级教室已经销往 40 多个国家和地区；优酷与国内 80%的顶级 VR 内容制作团队签约，预计年产 1000 条优质海外自制、合制视频。

从江西来看，在全国率先制定《加快虚拟现实技术应用推广三年行动计划（2022—2024）年》，连续两年遴选发布省级 VR 应用示范项目，安排省级工业发展专项资金近 2000 多万元支持 VR 在教育、文旅、工业、医疗、住建、文娱等领域的融合推广，南昌市也正以购买服务的方式支持各领域 VR 产品与服务普及应用。部分企业在细分领域具备突出优势，如科骏 VR 实验室的 K12 教育已在全国 600 多所学校普及，江铃汽车发动机装配 AR 工作辅助系统、江联重工 AR 智能维保、秋水广场 5G+VR 安保等项目已经投入使用。但江西内容生产制作能力相对薄弱，仅有华为（江西）VR/AR 软件中心、互动式内容工具供应商南京睿悦等少数项目落户。

依托软硬件技术的接连突破，市场主流虚拟现实终端性能和交互已经能够满足个人消费端应用，VR 产业发展正在跨越最大的技术“瓶颈”。随着技术和产品的进一步升级，VR 产业制高点将逐步由关键技术研发引领转向技术与内容双轮驱动，未来行业竞争的关键在于如何打造若干款“现象级”内容和应用，引爆终端消费市场。

二、虚拟现实产业亟须补强重点领域内容制作生态

前沿技术推动数字内容产业不断创新，内容生态也在反向驱动技术迭代进步，并为各行业提供数字化转型动力。然而，当前国内虚拟现实优质内容仍然比较缺乏，内容短板问题突显。从市场逻辑来看，爆款内容少。《愤怒的小鸟》《水果忍者》助推智能手机普及和《半衰期》发布带动当月及次月 Steam VR 平台用户暴涨 77%的经验充分证明，“现象级”内容已经成为智能终端产品市场扩张的“催化剂”。但大型 VR 游戏

基本为各平台独占，跨平台兼容性不强，难以形成“爆款”效应。从市场规模看，平台应用少。2022 年，相比国外 Steam VR 平台 7157 款、SideQuest 平台 4104 款、PS 平台 566 款、Quest 平台 432 款 VR 应用，国内 Pico 平台的 293 款和奇遇 VR 的 104 款应用数量仍存在较大差距。从市场反应来看，热门场景少。虚拟现实终端受算力、成本、传感精度和显示分辨率限制，在制造业和医疗领域应用案例以教学实训为主，远程生产、远程医疗等的应用尚需时日。用户需求主要应用集中的游戏、视听和教培三大场景，虽然普遍存在优质内容少等共性问题，但市场前景仍然比较明朗。

（一）虚拟现实游戏：率先实现大规模应用的融合场景

游戏是 VR 市场发展的关键动力，是最受 VR 用户欢迎的使用场景。根据预测，随着 VR 设备销量增长和消费能力提升，VR 游戏内容需求将保持增长趋势，全球 VR 游戏收入将从 2019 年的 0.5 亿美元提高到 2025 年的 40 亿美元，复合年增长率达到 44%。目前海外仍是 VR 游戏主流发行市场，游戏内容生态丰富度远超国内。例如，国外 Quest 平台游戏超过 400 款，而国内 Pico 平台游戏仅有 200 余款，游戏内容生态仍显单薄，首发、独占内容中缺少爆款产品。

（二）虚拟现实视听：商业化进程不断加快

借助虚拟现实沉浸式体验，通过搭建常态化虚拟现实线上演播摄制环境，能够实现舞台艺术、综艺、新闻、视频等文化资源“沉浸式演绎”，提升购物、展示的“临场感”。据赛迪顾问估算，2025 年全球 VR 直播市场规模有望达到 41.13 亿美元。虽然国内阿里、腾讯、快手已经布局 VR 直播，字节跳动凭借 Pico 终端和视频内容优势，举办多场 VR 演唱会，与迪士尼、环球等影视公司开展版权合作，但由于终端用户尚未形成规模效应、VR 视频采集设备普及不够等原因，目前 VR 视听相比平面媒体、移动终端的流量差距较大。

（三）虚拟现实教培：仿真实训市场前景广阔

VR/AR 教育培训具有可循环使用、体验内容丰富等优势，能够通过游戏化、情景化等多种手段形成交互式学习体验，激发学习兴趣，创造“实操”机会，创新教学模式，解决了传统教学过程中部分课程内容难以记忆、难以实践、难以显现的问题，已逐渐应用于中小学课程、高校课程和职业技术培训等教培领域。根据艾媒咨询预测，2025 年我国 VR/AR 教育类应用市场规模将达到 40 亿美元。目前，江西 VR 教培龙头企业科骏实业的教育产品已在上千所院校落地应用，成功获批国家职业教育虚拟仿真示范实训基地。

三、江西虚拟现实数字内容制作产业应聚焦目标精准发力

（一）明确一个目标

坚持“主业突出、布局集中”原则，充分发挥南昌虚拟现实产业优势，积极引进数字内容制作企业和团队进驻，高标准推进数字内容产业链条化、集群化发展，推动游戏、视听、教培等特色产业与虚拟现实深度融合，打通数字内容生产全流程，持续丰富虚拟现实硬件产品和内容供给，促成内容、终端互相促进的正向循环产业生态，形成技术、产品、服务、应用协同推进的产业链闭环，加快打造中部一流、全国具有影响力的虚拟现实数字内容生产中心。

（二）聚焦三类场景

一是虚拟现实游戏场景。积极争取腾讯、网易、米哈游等游戏龙头企业，以及玖的、乐客、奥佳科技等专注 VR 游戏开发企业在南昌设立虚拟现实游戏工作室，鼓励贪玩游戏、泰豪游戏、本土游戏企业进一步探索虚拟现实技术的应用开发。二是虚拟现实视听场景。鼓励江西广电巨鲸星海等省内 MCN 机构、头部电商企业，以及省内头部直播账号开设 VR 直播和 VR 带货业务，创作 VR 视频内容，支持媒体采用 VR 直播展览展会、大型赛事、晚会、演唱会等活动。三是虚拟现实教培场景。发挥全国首个国家职业教育虚拟仿真示范实训基地优势，鼓励以科骏实业为代表的本土 VR 教培企业加强 VR 教培实训数字资源的创作开发，丰富专业课程体系，与华为、阿里、腾讯、江铃等企业深化合作。鼓励中小学校开设 VR 特色课程，在物理、化学等实验课程使用 VR 教学产品。

（三）培育三大载体

一是建设数字内容制作平台。鼓励中国信通院江西研究院、北京大学南昌研究院等大院大所设立内容制作部门，依托国家虚拟现实创新中心的创新资源整合优势，设立数字内容制作中心，打造全面 IP 权益内容库（涵盖动漫、虚拟直播、虚拟偶像和虚拟社交等），提升虚拟现实应用开发，以及试听内容和娱乐产品的拍摄制作、教育、交流、创作、评测能力。二是建设内容集成开发平台。出台内容制作支持计划，开展沉浸式、体验式内容生产工具培训，为内容制作者和企业提供素材拍摄、渲染、开发引

擎等软硬件工具，支持三维化、强交互内容制作与规模生产。构建虚拟现实内容生态的运营体系，进一步发掘产业生态圈的新机会。三是建设场景应用孵化平台。以南昌VR主题乐园、南昌VR科创城VR展示中心为基础，建设面向企业商业应用和用户终端消费的虚拟现实设备、内容体验中心，集中展示先进硬件设备、软件应用和数字内容。面向全省消费者，针对虚拟现实终端和应用平台发放消费券，促进本地数字内容消费。

（四）实施三项行动

一是人才突破行动。以南昌大学、江西财经大学等设有虚拟现实学院和专业的高校为依托，进一步加大虚拟现实应用开发和内容制作人才培养力度，鼓励泰豪动漫学院等职业院校加强虚拟现实技术和游戏设计多元化应用的复合型高技能人才培养。鼓励高校、科研院所与虚拟现实企业加强产学研合作，凝聚一批创新人才。二是集群培育行动。高标准建设南昌VR科创城，规划建设数字内容制作产业园区，鼓励内容制作企业面向工业制造、文化旅游、教育培训、医疗健康、商贸创意、社交娱乐等领域开展虚拟现实内容生产制作，推动现有视频、动漫、游戏、社交等内容向VR/AR方向迁移，加强虚拟现实内容制作企业和团队招商。三是试点示范行动。开展虚拟现实应用场景、应用开发、内容制作试点示范，遴选一批虚拟现实优秀场景、优秀应用、头部企业和顶尖开发人才，挖掘有潜在商业价值和成长潜力的应用场景和优质内容，打造可复制、能推广的内容运营典型案例。

江西发展低空经济的战略思考和对策建议

发展低空经济是党中央深刻把握新一轮科技革命和产业变革发展趋势，结合我国现阶段的基本国情提出的战略举措，对于打造经济增长新引擎、加快形成新质生产力具有重要意义。江西作为传统航空大省，应积极抢抓低空经济产业密集创新和高速增长战略机遇，坚持因地制宜、扬长补短，加快布局和完善低空经济生态体系，为构建现代化产业体系、加快发展新质生产力提供强力支撑。

一、低空经济已成为产业创新发展的新热点、新赛道

低空经济是以 3000 米以下低空空域为依托，以各类有人和无人低空飞行活动为牵引，辐射带动相关领域融合发展的综合性经济形态，具有产业链条长、经济带动强、融合范围广等特点，发展前景巨大。

（一）低空经济已步入技术创新密集活跃、应用深度拓展的发展机遇期

随着新一轮科技革命和产业变革的深入发展，电池、电机、飞控系统、传感器等航空领域核心技术不断突破，伴随着新能源、新材料、智能驾驶、信息通信和高精度导航等新技术在航空领域的深度融合应用，催生出一批低空经济领域新技术、新产品、新业态，以无人机、电动垂直起降飞行器（eVTOL）等为代表的新型飞行器加速涌现，各类低空运营场景呈爆发式增长态势。根据国家民航局数据显示，我国低空经济市场规模将在 2~3 年突破 1 万亿元，迈入“亿级飞行小时、万亿经济规模”的时代。

（二）美欧等发达国家在通航领域长期保持领先，并积极抢滩低空领域新兴赛道

欧美等发达国家在传统通航产业谋划起步早，主要采取加大机场建设（美国有接

近2万个机场）、开放空域（美国将超过85%的空域划归民用，将3000米以下空域列为非管制区）、颁布出台一系列法律法规等措施，推动通航产业长期处于全球绝对领先地位，截至2023年底，全球约有44万架通用航空器，35万架在北美和欧洲。同时，欧美等发达国家高度重视低空领域新兴赛道，近两年先后出台了《欧洲无人机战略2.0》《美国先进空中交通领导与协调法案》，日韩紧随其后出台国家城市空中交通发展方案，加大智能化、电动化飞行器研发投入力度，积极推动飞行器适航取证，推动以无人机和垂直起降飞行器为载体的城市空中交通成为全球低空经济产业发展热点。

（三）国内各地纷纷布局低空经济并形成各具特色的发展模式

在国家大力倡导和政策支持下，国内低空经济热度走高，从北京的“低空经济产业创新之都”到深圳的“天空之城”，全国各地都高度重视低空经济发展，作为提升区域竞争力的重要抓手，2024年有17个省（市）将低空经济发展纳入政府工作报告，广东、安徽等地陆续出台低空经济高质量发展行动方案，2024年1~3月我国在低空领域新增企业1600余家。

全国各地充分发挥比较优势，探索各具特色的低空经济发展模式。一是创新驱动型。北京、上海、广州、深圳等发达地区依托雄厚资金、人才、科技资源，持续加大电动垂直起降飞行器、无人机、飞行汽车等低空领域新赛道投入，集聚了亿航智能、小鹏汇天、大疆、时的科技等几乎所有的低空经济头部企业，推动了低空经济跨越式发展。2023年深圳低空经济年产值超过900亿元，飞行规模全国第一，工业级无人机占全球50%的市场份额。二是制造带动型。四川、陕西等传统航空大省，依托航空工业民机布局，充分发挥整机制造优势，全面加强通航飞机、无人机等研发制造。2023年四川低空经济制造业规模达200亿元，拥有无人机整机及零部件企业200余家，大中型无人机产业规模居全国领先水平。三是政策引领型。湖南、海南等地借助空域改革政策优势，不断加强体制机制创新，先后引进和培育一批知名低空企业，迅速成为国内低空经济发展的新兴力量。湖南低空改革取得12项全国领先的改革成果，2023年通航飞行时间增长48%，引进华羽先翔（国内为数不多具备eVTOL整机研发生产能力的企业）等一批高成长性企业；2023年海南空中游览和跳伞飞行均居全国第一。

二、江西发展低空经济具备“四大优势”

（一）“链条齐整”的制造优势

江西既是新中国航空工业的发祥地，也是全国唯一同时拥有旋翼和固定翼飞机研发生产能力的省份，拥有以洪都集团、商飞（江西）飞机制造有限公司两大龙头企业为引领，多家整机（含无人机）制造企业为基础，百余家相关单位为支撑的航空制造企业集群，具备较强的航空产品总体设计、试验验证、先进制造和总装总成能力，航空制造业规模长期位列全国前列。同时，江西作为全国锂云母资源的主要富集地和中重型稀土矿产资源储量最多的地区之一，培育了一批具有全球竞争力的锂电池、稀土永磁电机制造企业，为发展航空重要零部件及原材料等低空制造配套产业奠定了扎实基础。

（二）"系统完备"的平台优势

在科技创新平台方面，江西拥有全国唯一的直升机研究所（602 所）、洪都飞机设计研究所两家整机设计单位，以及江西先进复材研发中心、江西航空研究院等一批新型研发机构。其中，国家级企业技术中心 2 个、省级工程研究中心 11 个、省级重点实验室 5 个。在试验试飞平台方面，江西积极争取到国内首个市场化商用发动机高空试验平台落户；赣州市获批国家民用无人驾驶航空试验基地，建成全国第一座工业级无人机射流式风洞试验室；南昌瑶湖机场成为中国商飞重要的试飞基地之一。在适航审定平台方面，江西拥有全国首个省局共建的民航适航审定中心。在监管服务平台方面，建成 A 类飞行服务站，同时在南昌、景德镇等地设立低空航管服务保障系统，对全省低空空域实现全面管控。

（三）"先行先试"的政策优势

江西是全国首批两个低空空域管理改革试点省份之一，在低空管理机制、保障体系、平台搭建等方面具备先行探索优势。南昌、景德镇作为国家通航产业综合示范区，赣州南康区作为国家民航局对口支援帮扶地，在低空基础设施建设、低空产业发展等方面，有国家政策、资金和项目的优先支持。

（四）"得天独厚"的空域优势

江西空域资源丰富，气候环境总体温和，在环鄱阳湖区域几乎没有高于百米的天然障碍物，已累计获批 51 个空域、77 条航线。赣州南康区无人机飞行空域拓宽至 4. 4 万平方千米，成为国内最大的无人机飞行空域之一。同时，依托全国首批低空空域管理改革试点，率先研制基于"北斗三号"技术的低空空中管理系统，开创了"北斗+低空"的通航管理模式、技术模式，低空空域和低空航线使用效率位居全国前列。

三、江西发展低空经济面临“四大制约”

（一）低空管理的“体制制约”

江西现有低空空域管理体制机制仍沿用传统航空思路和方法，很难适应“高密度、高频次、高复杂性”的大容量融合飞行的管理任务。一方面，空域管理体制复杂低效。江西没有低空领域专门议事机构和管理机构，存在多头管理、职责不明的情况；空域的审批需要协调军队、民航等部门，难度较大；空域使用呈现点状、线状、临时开放等特点，尚未打通关节、连片成网；不同类别航空器的协同运行规则、程序尚未完善，未实现融合飞行。另一方面，行业管理体制有待建立。江西在低空制造、低空应用、低空保障等领域，特别是无人机等新兴业态，缺失权威的行业标准与规范。同时，江西尚未出台低空经济领域的地方法律法规，在隐私保护、飞行安全等领域存在无法可依、责任不明的问题。

（二）低空产业的“创新制约”

江西在低空领域谋划布局早，但在新技术、新产品开发上落后于发达地区，创新能力不足成为江西低空经济高质量发展突出的短板、弱项。一方面，创新动力激发不够。江西低空领域研发力量主要来自传统的大院大所，布局研发军用产品多、民用产品少，布局研发通航飞行器多、新型飞行器少，且其研发生产的军需品，在获取一定订单后，转向新型产品研发的动力不足，缺乏创新的紧迫感和竞争压力。另一方面，创新技术供给不足。江西自主研发能力相对薄弱，对低空前沿技术投入相对不足，特别是在飞行控制、智能避障等关键核心技术以及 eVTOL 等智能化飞行器方面研发布局相对落后。现有的无人机多数重要配套系统来自省外，产业链附加值不高。江西传统优势产品如直升机、教练机等整机价格较高，市场竞争力弱。例如，昌飞 2 吨级 AC311 直升机售价（近 2000 万元）高出国际同类机型的 40%。

（三）应用场景的“开发制约”

江西低空经济的生态应用价值挖掘仍处于起步阶段，2022 年全省低空运营总产值仅 3180 万元。一方面，政府开发的引导作用不明显。江西早在 2017 年将低空运营服务纳入政府公共服务采购范畴，但由于公共应用场景较为分散、业务量少，主要是应急通信、能源巡检、城市治理等小规模试点场景，且政府购买通航服务政策执行不够，导致政府引导作用发挥不明显。另一方面，市场开发的内生动力不强劲。江西低空领域缺少稳定的市场需求、成熟的商业模式和盈利模式，飞行培训类作业、非经营性作业、载客类作业和生产作业类飞行小时数之和占比超过95%，低空消费类飞行占比不到3%，相关运营企业“自身造血”能力不足，基本处于亏损状态，依赖财政补贴情况较普遍。

（四）基础设施的“支撑制约”

一方面，传统基础设施建设进度较慢。以江西通航机场为例，机场建设投资大、回报周期长，建成后通航业务量不足、盈利点少，导致社会资本和地方政府投资通用机场积极性不高。截至2022年底，全国在册通用机场数量为399个，江西仅11个，在全国占比仅2.5%。江西直升机、无人机起降点建设均没有出台最新规划文件，《江西省直升机起降点布局规划（2017—2030年）》提出到2030年江西直升机起降点将达193个，而截至2023年底江西直升机起降点已达420个，有关规划已不适应形势发展。另一方面，新型基础设施建设起步较晚。江西构建起基于北斗应用的全省通用航空飞行协调和服务系统，但在低空飞行所需的地基网络（地面互联网、移动通信网等）、空基网络（高空通信平台、无人机自组网络等），以及监视和气象监测信息基础系统等建设上总体较为缓慢。例如，截至2023年底，江西累计建成5G基站10.7万个，仅占全国（337.7万个）的3.1%。此外，浙江、上海、广东等地已在开展统一低空高精度立体交通图技术标准和省市级低空智联网的建设、试点应用。

四、江西加快发展低空经济的总体考虑

（一）总体思路

紧紧抓住低空经济产业密集创新和高速增长战略机遇，坚持因地制宜、扬长补短，按照“快起步、飞得起、管得住、发展好”总体思路，以技术创新为引领，以场景应用为驱动，以深化改革为抓手，着力形成产业链条齐整、应用场景丰富、治理体系高效于一体的低空经济生态体系，加快打造国内具有重要影响力的低空经济发展示范区，为全面建设社会主义现代化江西提供重要支撑。

（二）空间布局

各地发展低空经济积极性很高，要坚持科学规划、统筹布局，避免“一哄而上”，

加快低空经济由分散布局向重点城市、重点平台集中布局，推动形成“双核驱动、多点示范、全域融合”空间格局。一是建设南昌、赣州两个低空经济发展核心区。南昌要用足用好省委、省政府赋予的先行先试权，切实发挥航空制造、人才、资金等优势，做大做强低空制造，培育丰富的城市低空运营场景，辐射带动南昌都市圈扩大应用，打造全省低空经济高质量发展的最强引擎；赣州要用好中国民航局和深圳对口支援政策优势和国家民用无人驾驶航空试验区等平台，吸引大湾区等发达地区低空前沿技术来中试转化，大力培育无人机应用场景，与南昌形成“一北一南”的双核驱动格局。二是充分发挥景德镇、九江、吉安等地特色示范带动作用。要切实发挥好景德镇直升机制造、共青城无人机制造和运用、吉安桐坪航空运动等基础和特色，进一步丰富产业业态，加快形成产业集聚效应，打造各具特色的低空经济发展示范区。三是支持全省各地积极打造“低空+”融合发展生态。鼓励各地立足实际，根据自身的资源禀赋、产业基础等，有选择地培育“低空+旅游”“低空+物流”“低空+救援”等业态模式，因地制宜推动低空经济场景的创新突破，促进低空经济全面融入生产生活，加快形成规模化的低空经济市场。

（三）重点领域

低空经济产业链条长、关联产业多，要坚持有所为、有所不为，结合江西制造业重点产业链现代化建设“1269”行动计划，集中优势力量深耕若干重点领域，力争在关键细分领域培育一批产业新增长点。一是在低空产业链上游（原材料及零部件），依托江西电子信息、新能源、新材料产业基础，重点聚焦航空稀土特种材料、固态航空锂电池、智能飞控等领域，大力发展航空元器件以及高功率、高能量密度、高安全性、轻量化航空电池，积极开展合金材料和碳纤维复合材料等航空新材料研发和产业化，着力打造在全国有影响力的低空制造协同配套生产基地。二是在产业链中游（低空制造产品和地面系统），依托江西长期深耕直升机领域积累的深厚技术沉淀，重点发展低成本、大载重通勤飞机、大吨位直升机等，以及中大型无人机、无人机机载设备，适时启动多旋翼、复合翼、倾转旋翼等不同构型电动垂直起降飞行器科研项目，着力打造远中近结合、高低速互补、固定翼旋翼兼具的低空飞行器产品体系。三是在产业链下游（低空应用），优先打造无人机物流配送、“低空+城市治理”以及开发空中游览、航空运动、航空表演等低空领域的特色应用场景，持续深化无人机在农林植保等领域应用，同时依托应急救援航空体系建设试点省和航空医疗救护试点建设，重点发展空中消防灭火、“空中120”等空中救援新模式。

五、江西加快发展低空经济的对策建议

（一）加强空域开发利用，不断夯实低空经济发展基础

一要扩大空域供给。加强与军方及民航局等相关单位的沟通协作，积极争取更多的低空空域自主管理授权。根据《国家空域基础分类方法》，加快推进全省空域分类管理，进一步增加低空固定型空域资源供给，提高已划定空域的开放水平。二要科学规划航道。积极开展数字化飞行规则、自由飞行模式等低空航路航线智能化研究，推进合理划设航路航线，探索低空空域融合飞行管理机制，有效保障低空飞行器有序安全飞行。三要提高运行效能。依托省铁路航空投资集团，组建低空经济产业发展有限公司，负责全省城际间低空基础设施投资建设，运营省级低空飞行综合管理服务平台。支持具备条件的地市建设市级低空飞行综合管理服务平台，与省级平台实现数据和服务对接，形成以省级平台为中心、各市平台为节点、覆盖全省的低空飞行服务保障体系。

（二）做大做强低空制造，切实提升低空经济核心竞争力

一要增强产业技术创新能力。加强资源整合和统筹布局，加快建设低空经济领域重点实验室、产业创新中心、工程研究中心、企业技术中心和新型研发机构等平台载体建设。鼓励企业和科研院所组建创新联合体，依托科研与产业项目，围绕低空飞行器总体、系统、软件、元器件、材料等领域，持续加强核心技术攻关。二要促进产业链协调发展。推动低空产业链内部各环节深度融合，支持整机企业与零部件企业加强协作，增强产业链韧性和安全水平。充分发挥中国民航江西适航审定中心优势，鼓励开展中小型民用航空器、无人机等产品及航空零部件的审定，形成服务全省、辐射华东和华中地区的大规模适航审定能力。推动数字经济、电子信息、装备制造、新能源等重点产业链与低空经济产业跨界融合发展，不断提升产业链配套能力。三要构建开放型产业生态。梳理全省低空经济产业链企业和基础设施清单，绘制产业链图谱，开展精准招商。探索通过市场化方式组建低空经济专项基金，引导更多资金投向低空制造、低空应用场景开发等重点领域。

（三）聚力应用场景开发，加快实现低空经济规模化发展

一要持续拓展公共服务类应用场景。加快构建低空遥感监测网，推动低空技术与

社会治理深度融合，在交通管理、环境保护、城市管理等领域打造一批低空应用标杆场景。探索将政府购买通航服务统一纳入江西省政府采购电子卖场，提升购买服务执行率。二要全面开发商业消费类应用场景。积极引导和支持发展各类低空经济新兴消费项目，大力发展低空旅游等文旅应用，稳步培育商务出行、市内通行、空中通勤等城市空中交通新业态，支持各地承办无人机相关全国性或区域性赛事活动，不断激活低空消费市场需求。三要加快完善应用牵引协同机制。统筹开展全省低空场景信息采集与发布、优质场景解决方案发现与展示、场景供需双方对接与撮合等工作，组织低空场景促进活动。鼓励各地结合地方实际，探索以区域为单位整体打包低空应用场景，实现以市场换技术，探索更多“人无我有”的应用场景。

（四）强化基础设施建设，构建现代化低空基础设施体系

一要持续加强低空飞行起降场地建设。统筹有人驾驶和无人驾驶航空器需求，优化调整通用机场规划布局，鼓励各地市结合实际需求先行建设简易机场、后进行改造升级；支持按照《电动垂直起降航空器起降场技术要求》等建设标准，探索推进楼顶、地面、水上等场景起降点建设试点；鼓励现有和新建的住宅、商业楼宇按需建设无人机小型起降点、中型起降平台、大型起降场，引导已建成的起降场地补充换电等新能源基础设施，逐步形成多场景、多主体、多层次的起降点网络。二要加快布局低空感知与通信设施建设。汇聚整合三维地理信息、城市信息模型（CIM）、低空飞行空域等数据，构建全省一体化数字低空底座，实现低空空域监视的全面覆盖和可视化监管。大力实施信号升格行动，加快5G、ADS-B、卫星互联网等融合应用，逐步建设完整统一、服务全省的低空智联网。三要完善低空飞行服务与监管设施建设。发挥国家（江西）北斗综合应用示范项目优势，研发推广基于北斗技术的通航管理系统，建设省级低空飞行综合管理服务平台，与国家平台互联互通，将航路规划、空中避障、空域管理、交通管制等低空飞行要素高效贯通，逐步实现任务执行、资源配置、安全监管等“一站式”服务与监管。

（五）守牢安全发展底线，持续提升低空经济治理水平

一要优化完善顶层设计。建议参考四川、湖南等地经验，优化整合省低空空域协同运行管理委员会的有关职责，强化对全省低空经济安全与发展的统筹协调。将全省低空经济发展规划列入省“十五五”重点专项规划目录，编制出台江西低空经济发展五年规划，系统谋划全省低空经济产业重点发展领域和空间布局。二要强化规则体系建设。坚持“立法先行”，研究制定《江西省低空经济促进条例》，明确相关参与方主体职责，推动低空空域划设与使用、飞行服务、安全监管、产业培育等规范化发展。支持企业、高校、科研院所等参与国家、行业、地方、团体的相关标准制修订。三要加强飞行活动监管。持续完善飞行服务站及通航飞行监视服务系统，优化飞行审批、

预警处置、气象保障、空管服务等功能，满足低空异构、高密度、高频次、高复杂性飞行活动的安全监管需要。建立一体化指挥体系架构，构建快速预警、精准识别、有效处置的低空安防解决方案。

加快落实政府和社会资本合作（PPP）新机制对策研究

习近平总书记在中央财经委员会第十一次会议上强调，要推动政府和社会资本合作模式规范发展、阳光运行，引导社会资本参与市政设施投资运营。2024 年 4 月 30 日召开的中央政治局会议指出，要实施好政府和社会资本合作新机制，充分激发民间投资活力。当前，随着政府和社会资本合作（PPP）新机制（以下简称新机制）政策框架基本建立，新机制已正式进入推进阶段。课题组在加强与国家发展改革委沟通对接的基础上，先后深入南昌、鹰潭等地开展调研，与各级政府部门、金融机构、民营企业、国有企业、咨询服务机构等开展座谈交流，深入分析当前形势及问题短板，针对性提出江西加快落实新机制的对策建议，形成研究报告如下。

一、新机制推动 PPP 市场进入 2.0 时代

（一）新机制建立的主要背景

政府和社会资本合作（PPP）实施近 10 年来，在一定程度上起到了改善公共服务、拉动有效投资的作用，但在实践中也出现了民营企业入场难、项目实施不规范、政府履约诚信低等问题。为进一步解决各类问题，更好发挥 PPP 作用，国家有关部门围绕 PPP 陆续作出新的工作部署。2023 年 2 月，国家发展改革委、财政部对 PPP 项目开展清理整改，“叫停”PPP 推进；2023 年 10 月，国务院办公厅转发财政部、国家发展改革委关于存量 PPP 项目分类处理意见，对已运营、在建及未开工 PPP 项目进行分类处理；2023 年 11 月，国务院办公厅转发国家发展改革委、财政部《关于规范实施政府和社会资本合作新机制的指导意见》，宣告自 2014 年以来，我国 PPP 模式在政策层面上迎来力度最大的一次调整。2024 年以来，国家发展改革委陆续发布《特许经营方案编写大纲》、新修订的《基础设施和公共事业特许经营管理办法》《政府和社会资本

合作项目特许经营协议（编制）范本（2024 年试行版）》等相关配套政策，依托全国投资项目在线审批监管平台，上线全国政府和社会资本合作项目信息系统，并多次召开政策解读和培训会，推动新机制进入全面实施阶段。

（二）新机制的主要特点和要求

新机制建立了以鼓励民间投资、发挥市场机制、遏制新增地方政府隐性债务为显著特征的特许经营新模式，重构了特许经营全周期管理的新流程，打通了新建、改扩建项目与存量资产盘活的梗阻，主要呈现以下四大特点。

1. 回归“初衷本源”，更加注重民营企业参与

新机制提出，优先选择民营企业参与 PPP 项目，根据项目公共属性强弱，以项目清单的形式将项目分成三类：应由民营企业独资或控股的项目；民营企业股权占比原则上不低于 35%的项目；积极创造条件、支持民营企业参与的项目。

2. 杜绝“寅吃卯粮”，更加注重债务风险防范

新机制要求聚焦使用者付费项目，不因采用 PPP 模式额外新增地方财政未来支出责任，并规定“不得通过可行性缺口补助、承诺保底收益率、可用性付费等任何方式，使用财政资金弥补项目建设和运营成本”，也不得针对单个项目私设补贴标准，严控地方政府债务风险。

3. 紧盯“特许经营”，更加注重实施模式统一

新机制要求全部采取特许经营模式，根据项目实际情况，合理采用“建设—运营—移交（BOT）”“转让—运营—移交（TOT）”等方式，并将特许经营上限从 30 年提高到 40 年。同时强调，禁止通过“建设—移交（BT）”方式逃避运营义务或垫资施工。

4. 尊重“市场规律”，更加注重运营效率提升

新机制在选择社会资本上，更加关注项目运营管理经验、专业运营能力、企业综合实力和信用评级标准。鼓励特许经营者创新运营方式，并明确“通过加强管理、降低成本、提升效率、积极创新等获得的额外收益主要归特许经营者所有”。

同时，新机制明确了发展改革部门的牵头责任、财政部门的支出和监管责任、各级地方政府部门的执行责任，还对项目方案、合作伙伴、合同协议、投资程序、建设实施等方面提出具体要求，在绩效评价、惩戒机制、信息披露等方面进行了细化。

（三）PPP 市场未来趋势研判

在新机制规范下，PPP 市场将由“快速发展”1.0 阶段转向“提质增效”2.0 阶段。首先，从国际经验来看，特许经营等 PPP 模式，只是改善公共服务的辅助形式，即使在公共工程建设运营方面，也仅占 20%左右，如果使用泛化，可能引发诸多矛盾。其次，新机制大幅提升了“按传统思路包装项目”的难度，短期内符合条件的项目数

量相对有限，但会“倒逼”项目质量提升，未来可能逐渐转入小规模并长期保持“瘦身”状态。最后，新机制强化以运营为核心、以绩效为导向的理念，与民营企业较强的创新意愿和动力更加契合。未来，可能有更多具有专业化能力、擅长精细化运作的民营企业进入 PPP 项目。

二、当前江西 PPP 推进形势

（一）“旧”机制回顾：成效与问题并立

从 2023 年 PPP 项目清理整改情况来看，截至 2023 年 2 月，全省 PPP 存量项目共 556 个，总投资 5035. 97 亿元，江西省智慧农业建设项目、南昌市红谷滩污水处理厂扩建工程、九江市中心城区水环境系统治理项目等一大批基础设施和公共服务领域重大项目建成投运，有力地提高了江西各地区相关民生项目的投资、建设、运营管理水平。分阶段来看：已投入运营项目 238 个，在建项目 262 个，未开工项目 56 个；分领域来看：市政工程 196 个，交通运输 65 个，城镇综合开发 51 个，教育 49 个，保障性安居工程 41 个，生态建设和环境保护 32 个，其他领域 122 个；分社会资本性质来看：民间资本参与项目 102 个，国企中标 454 个；分回报机制来看：可行性缺口补助 340 个，政府付费 207 个，使用者付费 9 个（占比仅为 1. 6%）。

调研发现，存量 PPP 项目推进中仍面临一系列问题和挑战：一是政策理解把握有偏差。有的地方政府简单将 PPP 理解为基础设施和公共服务设施项目建设的主要融资手段；有的地方政府出于自身绩效及政绩冲动，无视自身财政承受能力，突破 10%的红线，或披着 PPP 外衣实施纯商业化项目，借 PPP 变相举债，偏离公共利益轨道。二是民营企业参与度低。江西 556 个 PPP 存量项目中，民间资本参与项目仅 102 个，占比 18. 3%，其中不少项目的民间资本占比在 5%以下。三是重建设轻运营。不少中标社会资本更看重通过项目施工赚取利润，补贴资金成本投入，认为后期运营利润较低、风险较大，重视不够。四是项目存在政府违约风险。江西存量项目中，98%以上项目需要财政支付资金，随着越来越多项目进入运营期，不少地方政府付费压力较大。部分企业反映，有的地方政府违规以审计为由，拖延付费时间，给企业经营带来较大资金风险。

（二）“新”机制落实：机遇与挑战并存

一方面，新机制落实面临不少困难与挑战。一是企业信心不足。PPP 项目投资周期长、收益普遍偏低，对企业运营能力要求高，在严禁政府兜底付费、纠纷解决机制不健全的背景下，企业对后续政策及行业运营补贴的不确定性存在担忧。二是政策把握不准。各地、企业对政策的理解能力参差不齐，有的地方存在按原有模式推进的惯性思维，推出一些明显不符合要求的特许经营项目，例如，未按清单要求最大限度引入民营企业参与，让地方本级国有企业中标特许经营新建项目等；在新机制对民营企业优先的背景下，不少国有企业对于如何更好参与 PPP 项目较为迷茫。三是优质项目不多。新机制要求运营收益能覆盖建设成本，但总体来看，收益好的基础设施项目不多，特别是收益来自使用者付费的项目少。例如，全省污水处理厂已基本建完，单纯管网建设并无收益，通过特许经营模式吸引社会资本参与污水厂网一体化建设难度较大。新建高速公路收费标准、收费年限多年不变，但建设成本持续上升，使用者付费收益覆盖建设成本有一定难度。此外，PPP 领域与专项债券支持范围高度重叠，对社会资本产生一定挤出效应。

另一方面，新机制落实也要有一定基础与支撑。一是短板领域投资有需求。江西在交通、物流、市政、生态环保和环境治理、水利、体育、旅游、公共服务等方面仍存在不少短板。例如，根据《江西省综合立体交通网规划》，到 2035 年，江西高速公路总里程要达到 1 万千米以上，至少还有 3200 千米以上建设需求，按当前每千米造价 1.5 亿~2 亿元测算，总投资将达 4800 亿~6400 亿元；《江西省水网建设规划》提出，推进水生态保护治理提升、数字化智慧化能力提升等重大行动及工程，规划项目总投资 13683 亿元，其中 2035 年前实施项目总投资 8083 亿元。二是优质资产盘活有空间。经过多年的投资建设，江西在基础设施等领域形成了一大批存量优质资产。例如，截至 2023 年底，江西高速公路里程达 6742 千米；建成生活垃圾焚烧发电设施 42 座，城镇生活污水管网 2.52 万千米；拥有国家 AAAAA 级旅游景区 14 个，居全国第 6 位；获批国家物流枢纽 4 个、国家骨干冷链物流基地 1 个。不少优质存量资产可以通过 PPP 模式盘活，形成存量资产与新增投资的良性循环。三是项目合作推进有基础。PPP 模式推行已 10 年，江西金融机构、工程咨询、律师事务所等相关专业机构日渐成熟；各地政府与三峡集团等中央企业、国有企业形成了较好的合作基础，其中三峡集团已在江西落地 9 个 PPP 项目，总投资 255 亿元，围绕水环境治理等领域进一步深化与江西合作的意愿仍较强；省水投集团、江西华赣集团等省属国有企业在相关领域运营方面形成较强优势，省内一批民营企业实力不断增强，为江西实施新机制奠定了较好基础。

三、江西加快落实新机制的对策建议

江西落实 PPP 新机制，要坚持以规范推进为主线，统筹发展与安全，正确处理政府与市场、规范与创新、存量与增量、公益与收益、区域与领域的关系，深入挖掘项目潜在市场和经营价值，充分发挥市场机制作用，拓宽民间投资空间，确保新机制稳妥运行，基础设施和公用事业项目建设高质量发展。

（一）转变评价方式，突出规范性，提升新机制可操作性

1. 明确“辅助定位”

无论是旧机制存量还是新机制未来增量，PPP 仅是辅助投资渠道。建议改变考核评价标准，摒弃将 PPP 模式异化为地方政府融资工具的片面思维，不以推出项目多少、快慢和投资额大小为评判标准，把项目规范实施摆在首要位置，做到成熟一个、推进一个，切忌“贪大求快”，确保新机制落实“不变形、不走样”。

2. 加强政策解读

通过多种形式，加强对各地、各部门，省属国有企业及民营企业宣传培训和政策解读，全面完整传递政策意图，准确诠释新机制的新含义、新要求，并做好违规项目纠偏。建议省级层面建立新机制技术援助安排，加快遴选一批 PPP 咨询服务机构及专家库，为全省 PPP 项目提供咨询服务和业务培训，为地方、部门及企业答疑解惑。

3. 制定操作流程

加快研究制定新机制项目操作指南，明确项目推进全流程。进一步明确政府决策审定实施方案的方式，在审定特许经营实施方案过程中，对涉及行业运营补贴、政府定价事项的项目分别征求财政、价格管理等部门意见。鼓励工程咨询、律师事务所等专业机构提前介入、全过程参与。引导金融机构为特许经营项目提供财务顾问、融资顾问、银团贷款等金融服务，与参与竞争的法人或其他组织共同制订投融资方案。

（二）优化合作生态，构筑强磁场，激发社会资本活力

1. 细化配套政策

着手对国家文件未完全明确的事项进行细化，如借鉴甘肃、四川、天津、大连等地做法，抓紧明确“投资规模大、建设难度高”的收费公路项目划分标准。探索制定 PPP 模式负面清单，对不能采取 PPP 模式的情形进行明确。完善特许经营领域公共服务价格管理制度、成本监审制度、价格形成机制及调整制度。

2. 强化金融支撑

积极争取中央预算内投资、地方政府专项债券、增发国债、超长期特别国债等资金支持，用好大规模设备更新等政策；对符合支持条件的 PPP 项目，加大省预算内基建投资支持力度；鼓励金融机构创新以项目本身财务状况及收益为核心的担保方式，采用预期收益质押等方式为特许经营项目提供融资支持。引导江西国控现代产业引导基金入股提供特许经营项目资本金，探索与金融机构设立基础设施和公共事业特许经营引导基金。

3. 优化营商环境

强化政府与社会资本协商合作，完善政府诚信履约机制，将政府机构特许经营协议履行情况纳入政务诚信考核评价体系。发挥省工程咨询协会及相关商会作用，支持行业协会、商会搭建民营经济组织与政府部门、金融机构、中介机构等不同主体间的沟通交流平台，帮助民营经济组织开拓市场、化解纠纷。探索开展投资项目环境、社会和治理（ESG）评价，帮助民营企业更好预判、防范和管控投资项目可能产生的环境、社会、治理风险，提高投资质量。

4. 加强合作创新

探索“PPP+专项债券”模式，减轻社会资本融资压力。发挥国有企业作用，引导省属国有企业积极盘活存量资产，加强国有企业和民营企业合作推进的有益探索，完善所有权、经营权、分配权和监督权的机制设计，推动省投资集团、省水投、省交投、江西华赣、省旅游集团等省属国有企业在开展深度尽职调查、合理搭建股权结构的基础上，先行与相关领域和行业头部民营企业开展股权合作。据调查，我国民营企业平均寿命仅3.7年（世界500强企业平均寿命约40年），鉴于PPP项目实施期普遍较长，且新机制将最长期限由30年延长到40年，建议积极探索“NGO（非政府组织）+民营企业”模式组建民营企业联合体参与PPP项目，有效规避项目存续而民营企业倒闭的风险。

（三）挖掘项目潜力，精耕试验田，积极开展试点示范

1. 提升项目经营价值

引导社会资本通过技术创新、管理创新、商业模式创新，以及采用数字化技术等多种方式，开拓项目收益来源，降低建设运营成本，加快投资资金回收，提高项目回报率。通过导入产业、丰富业态等方式提升土地增值。注重“肥瘦搭配”，对“厂网一体化”的污水管网、供热管网、供水管网等项目，综合交通运输多式联运的公水联运、公铁联运等项目，以及通过产业链延伸等方式将公益性较强行业与收益较好的关联产业有效融合、一体化实施的项目，探索通过跨地区、跨行业上下游产业链符合条件的子项目“打捆”、充分挖掘衍生经济或搭配资源补偿等方式，综合平衡收益，努力提升PPP项目潜在市场。

2. 加大项目推介力度

建立定期向社会资本推介新机制项目的长效机制，依托政府和社会资本合作项目信息系统，集成相关领域行业政策及优惠举措。面向省内外积极组织召开PPP专题推介会、政银企对接会等多种渠道搭建招商平台，向金融机构、社会资本，特别是发达地区有实力的民营企业推介拟实施的PPP项目，吸引社会资本更好参与江西经济社会建设。

3. 积极探索试点示范

探索在南昌、赣州等地和交通、市政、新基建等领域先行开展试点示范，结合当

地财力情况，加大行业运营补贴力度，争取更大税收优惠政策，推动一批项目落地。指导推进弋阳至南丰、瑞昌至新干、新干至兴国等地正在开展前期工作，并拟以新机制模式实施的项目，加快落实新机制各项要件，力争新 PPP “首单”高质量落地，并形成典型经验和示范效应，为全省推进实施新机制提供经验借鉴。

（四）强化工作指导，打好组合拳，推动存量项目“软着陆”

1. 实行分类处理

建议财政部门进一步加强存量项目工作指导，严格按照国务院转发财政部、国家发展改革委存量项目分类处理意见要求，抓好 556 个存量项目分类处理，确保平稳运行。督促项目实施机构按合同依法履约，足额安排预算，及时开展绩效评价并按绩效结果付费。具备调价条件的，指导通过听证等方式理顺使用者付费价格。积极盘活建成后长期闲置或运营绩效低下的项目。对退库项目审慎处置、合理安排，优先支持项目继续规范运营，以保障公共服务持续供给，避免造成损失浪费。

2. 强化纠纷协调

加强“新官不理旧账”治理，健全存量项目纠纷协调解决机制，按照实事求是、尊重历史的原则，及时协调解决存量 PPP 项目实施中存在的困难和问题。探索建立存量项目预付费基金，在地方政府因预算或审批等事项延迟付款时向社会资本方（项目公司）预支付款项，防止损害政府诚信，地方政府也可以时间换空间，缓解当下政府债务压力。

3. 探索“PPP+REITs”模式盘活存量资产

发行公募 REITs 可以提高 PPP 项目资金和资产流动性，唤醒优质存量资产、降低项目财务费用，强制性分红条款也可“倒逼”运营方采取深挖使用者付费等方式提高利润率。支持赣州商贸服务型、南昌陆港型、九江港口型、鹰潭陆港型国家物流枢纽和南昌国家骨干冷链物流基地，通过“PPP+REITs”模式盘活相关存量资产。鼓励相关行业部门、省属国有企业围绕交通运输、污水处理、垃圾处理、产业园区等重点领域，梳理一批权属清晰、资产范围明确，原始权益人或所属项目公司依法合规拥有项目所有权、特许经营权或运营收费权的基础设施和公共服务项目，通过发行 REITs 回收资金投入新的项目建设，从而形成存量项目与新增投资的良性循环。

专题三

推动全面绿色转型

江西加快打造国家生态文明建设高地研究

2024年1月，《中共中央 国务院关于全面推进美丽中国建设的意见》（以下简称《意见》）公开发布。这是新时代以来，继2015年出台《关于加快推进生态文明建设的意见》，党中央制定的第二个生态文明建设顶层设计文件；也是党的二十大以来，中央出台的首个生态文明建设综合性指导文件。深入谋划创新美丽江西建设，对于全面贯彻党的二十大和二十届二中、三中全会精神，深化国家生态文明试验区建设，加快打造国家生态文明建设高地具有重要意义。

一、把握打造国家生态文明建设高地的重要机遇

美丽中国建设是社会主义现代化建设的重要目标。《意见》对我国生态文明和美丽中国建设作出了长远和系统的部署，明确了目标路径、重点任务、政策举措，是新征程上生态文明建设的时间表、路线图、任务书，构建了深入推动生态文明建设的理论逻辑、历史逻辑和现实逻辑。《意见》主要精神可概括为“一个总体要求、四项工作原则、三阶段目标、七方面重点任务、一个根本保障”。

一个总体要求，即牢牢把握中国式现代化这个最大的政治，牢固树立和践行“绿水青山就是金山银山”的理念，锚定美丽中国建设目标，处理好“五大关系”（高质量发展和高水平保护、重点攻坚和协同治理、自然恢复和人工修复、外部约束和内生动力、“双碳”承诺和自主行动），坚持“四个统筹”（统筹产业结构调整、污染治理、生态保护、应对气候变化）、“四个协同”（协同推进降碳、减污、扩绿、增长），以高品质生态环境支撑高质量发展，加快形成以实现人与自然和谐共生现代化为导向的美丽中国建设新格局。

四项工作原则，即全领域转型，推动经济社会发展绿色化、低碳化，加快能源、工业、交通运输、城乡建设、农业等领域绿色低碳转型；全方位提升，坚持要素统筹

和城乡融合，加强美丽山川河湖、美丽城市乡村建设，共同开展“美丽系列”建设；全地域建设，因地制宜、梯次推进，统筹东中西，塑造各具特色、多姿多彩的美丽中国建设板块；全社会行动，把建设美丽中国转化为全体人民行为自觉，形成人人参与、人人共享的良好氛围。

三阶段目标，即在完成“十四五”目标基础上，到 2027 年，绿色低碳发展、主要污染物排放总量、生态环境质量、国土空间开发保护格局、生态系统服务功能、城乡人居环境、国家生态安全、生态环境治理体系等得到有效改善，形成一批实践样板，美丽中国建设成效显著；到 2035 年，广泛形成绿色生产生活方式，碳排放达峰后稳中有降，生态环境根本好转，生态环境治理体系和治理能力现代化基本实现，美丽中国目标基本实现；展望 21 世纪中叶，生态文明全面提升，绿色发展方式和生活方式全面形成，重点领域实现深度脱碳，生态环境健康优美，生态环境治理体系和治理能力现代化全面实现，美丽中国全面建成。

七方面重点任务，即把建设美丽中国摆在强国建设、民族复兴的突出位置，加快发展方式绿色转型，持续深入推进污染防治攻坚，提升生态系统多样性稳定性持续性，守牢美丽中国建设安全底线，打造美丽中国建设示范样板，开展美丽中国建设全民行动，健全美丽中国建设保障体系。

一个根本保障，即坚持和加强党的全面领导，加强组织实施、压实工作责任、强化成效考核等。

《意见》还有一些突出特点，主要体现为“三个首”：一是《意见》的出台，标志着新征程上展开“五位一体”总体布局并作出系统部署，生态文明建设是首个，充分体现了生态文明建设在党和国家事业发展中的重要地位；二是《意见》将发展方式绿色转型作为生态文明建设重点任务摆在首要位置，更加突出推动绿色发展，厚植高质量发展的绿色底色；三是《意见》首次对美丽中国先行区作出具体阐释，部署分区域、分层级推进先行先试，明确美丽中国先行区建设的总目标是打造绿色发展高地，并将深化国家生态文明试验区建设作为先行区的重要组成部分。

《意见》释放重大利好，为推进生态文明建设和绿色低碳发展带来新一轮的机遇。一是突出发展导向。《意见》共有 38 处提到“发展”，部署大力发展战略性新兴产业、高技术产业、绿色环保产业、现代服务业，大力发展再制造产业，推动超低能耗、低碳建筑规模化发展，发展绿色旅游等，支撑加快构建现代产业体系。二是实施重大工程。《意见》共有 20 处部署“工程”，提出深入推进或启动实施减污降碳协同、环境品质提升、生态保护修复、清洁生产水平提升、环境应急基础能力建设等工程，集中打造一批重大标志性工程。三是开展重要行动。《意见》共有 25 处部署“行动”，提出开展资源综合利用提质增效行动、新污染物治理行动，科学开展大规模国土绿化行动，强化区域适应气候变化行动，以重要行动引领绿色发展、生态保护和污染治理。四是强化激励政策。《意见》明确完善农业绿色发展政策，探索区域性环保建设项目金融支持模式，进一步发展全国碳市场、温室气体自愿减排交易市场，强化财税、金融、价格等政策支持。

应深刻领会《意见》对新征程美丽中国和生态文明建设的系统部署，紧紧抓住全面推进美丽中国建设带来的巨大发展机遇，加强相关前期研究，争取更多江西元素纳入国家重大工程、重要行动，切实用足、用好、用活国家激励政策红利。

二、系统谋划打造国家生态文明高地战略布局

当前，美丽中国“江西样板”建设迈上新征程、进入下半场。未来10年是生态文明建设的关键期、生态环境质变的攻坚期、全面绿色转型的机遇期。为切实抓住《意见》实施的机遇窗口，保持加强生态文明建设的战略定力，牢牢把握绿色低碳发展的主动权，加快打造国家生态文明建设高地，建议按照“1236”思路来谋篇布局，进行系统部署。

“1”，即牢记一个嘱托。习近平总书记对江西生态文明建设寄予厚望，嘱托江西打造美丽中国“江西样板”、打造生态文明建设高地。应聚焦“走在前、勇争先、善作为”目标要求，深化国家生态文明试验区建设，高标准建设美丽中国“江西样板”，奋力打造国家生态文明建设高地，在建设长江经济带人与自然和谐共生的绿色发展示范带上发挥主力军作用，在共建国际一流美丽湾区、高水平建设美丽长三角上发挥重要支撑作用，争做美丽中国先行区建设排头兵，为美丽中国建设作出江西贡献，提供江西样板。

“2”，即坚持两手发力。推进中国式现代化，经济建设是中心工作，高质量发展是首要任务，高水平保护是重要支撑，要一手抓高质量发展、一手抓高水平保护，促进两者相辅相成、相得益彰。必须把坚持高质量发展作为新时代的硬道理，充分发挥高水平保护的支撑保障作用，为高质量发展“明底线”“划边框”“增绿添金”，以高水平保护形成高品质生态环境，以高品质生态环境支撑高质量发展。

“3”，即实施三步走行动。锚定2035年建成国家生态文明建设高地目标，分三个阶段接续推进，明确2027年、2030年、2035年细化目标。抓住未来三年关键阶段，实施好即将出台的打造国家生态文明建设高地三年行动计划（2024~2026年），为实现2027年目标奠定坚实基础；接续实施打造国家生态文明建设高地四年行动计划（2027~2030年），如期实现2030年前“碳达峰”目标，打造国家生态文明建设高地取得显著成效；再经过2031~2035年五年的努力，打造成为在国内外享有盛誉的国家生态文明建设高地，高标准建成美丽中国“江西样板”，率先建成美丽中国先行区。

"6"，即明确六个走前列。2023 年 9 月，全省生态环境保护大会对全省生态文明建设作出"四个走前列"部署（在生态环境质量提升、绿色低碳转型发展、生态产品价值实现、生态文明制度建设上走在全国前列）。遵循《意见》最新精神，建议补充部署"国家生态安全保障走前列、生态文化传承创新走前列"，并将"绿色低碳转型发展走前列"调整为首个，以"六个走前列"构建打造国家生态文明建设高地的路径支撑。即努力在绿色低碳转型发展上走前列，厚植打造国家生态文明建设高地的物质基础；努力在生态环境质量提升上走前列，擦亮打造国家生态文明建设高地的绿色底色；努力在生态产品价值实现上走前列，塑造打造国家生态文明建设高地的重要动能；努力在生态文明制度建设上走前列，强化打造国家生态文明建设高地的制度保障；努力在国家生态安全保障上走前列，筑牢打造国家生态文明建设高地的安全底线；努力在生态文化传承创新上走前列，夯实打造国家生态文明建设高地的思想根基。

三、关于打造国家生态文明高地的工作建议

打造国家生态文明建设高地是一项长期而艰巨的战略任务和系统工程。应加快完善机制、创新举措，突出重点、抓住关键，强化统筹、凝聚合力，为推进人与自然和谐共生的现代化贡献江西力量。

一是加强统筹协调。建议统筹抓好全面推进美丽江西建设实施意见、省人大关于全力打造国家生态文明建设高地的决定、打造国家生态文明建设高地三年行动计划的落地落实，统筹重大平台、重大项目、重大政策和重大改革研究，推动政策制定、项目建设、试点布局等有序衔接，强化部门联动、上下同频、协同高效，形成打造国家生态文明建设高地工作闭环。

二是聚焦重点攻坚。建议把产业绿色转型升级作为打造国家生态文明建设高地的重中之重，制定实施江西促进经济社会发展全面绿色转型的政策措施，结合深化落实重点产业链现代化建设"1269"行动计划，加快培育壮大绿色低碳产业，塑造绿色低碳高质量发展新优势，加快形成新质生产力。着力优化和完善绿色低碳产业发展政策，持续做强锂电、光伏等产业，积极做大新能源汽车和新型储能产业，前瞻布局核能产业，稳妥推进氢能商用化产业化，培育发展生物基产业和负碳产业，打造高效生态绿色产业集群。

三是健全体制机制。党的二十届三中全会聚焦建设美丽中国，提出完善生态文明制度体系，加快完善落实绿水青山就是金山银山理念的体制机制。应坚持对标对表、立足实际、突出特色，按照巩固优势、弥补短板、创新突破的思路，围绕生态文明基

础体制、生态环境治理体系、绿色低碳发展机制、生态产品价值实现等重点领域，推动深化生态文明体制改革。围绕在推进长江经济带发展上善作为，深化生态环境管理制度改革，健全国土空间用途管制体系，强化鄱阳湖流域综合管理。围绕如期实现“碳达峰”，着力构建新型能源体系，建立实施碳排放“双控”制度，加快建立健全碳市场交易、碳足迹管理等政策体系。围绕加快培育发展绿色生产力，健全生态产品价值实现机制，打造集体林权改革品牌，深化绿色金融改革，大力发展绿色低碳产业。通过一系列集成改革创新，着力构建与打造国家生态文明建设高地相适应的体制机制。

四是抓好试点示范。建议以点带面、分层分类、梯次推进，深化美丽系列、绿色系列、低碳系列等试点，推动生态文明建设点上出彩、线上结果、面上开花、全域覆盖。在纵向上，持续推进国家和省级先行先试，加强各类试点示范的集成协同，着力打造美丽城市、美丽乡村、美丽社区等。在横向上，各地区立足区域功能定位，发挥特色优势，塑造各具特色、交相辉映的生态文明建设板块。流域上，坚持山水林田湖草沙一体化保护和系统治理，加强绿色发展协作，谱写“五河两岸一湖一江”生态保护和绿色发展新画卷。

五是夯实支撑保障。建议强化科技赋能，打造一批绿色低碳产业创新中心，建设生态环境保护大科学装置和重点实验室、工程技术中心、科学观测研究站等创新平台，加快绿色低碳先进适用技术示范应用与推广，大力培育低碳、零碳、负碳技术应用场景。强化项目建设，建立省绿色低碳重大项目库，用好各类资金加强项目建设，引导社会资本参与生态文明建设，创新发展绿色金融。强化智库建设，组建省生态文明建设专家委员会，为全省生态文明建设提供咨政服务；支持有关单位组建绿色发展、生态保护、污染防治等专业智库。强化人才支撑，顺应绿色低碳发展新趋势，优化生态文明学科建设，畅通教育、科技、人才良性循环，加快培育一支本土化的生态文明建设和绿色发展优秀理论人才、管理人才和专业技术人才队伍。强化平台支撑，加快建设省碳排放监测分析服务平台，优化提升全省统一的生态产品信息数据共享平台功能，做大做强中国南方生态产品交易平台，建立完善全国性资源环境权益综合交易平台。强化共建共享，推进市场化、多元化补偿，促进生态要素更加有效地参与财富分配，全域推进碳普惠，实施绿色低碳引领行动，引导全社会参与生态文明建设，主动融入共建绿色“一带一路”，加强跨区域共保联治。

六是强化组织实施。积极发挥地方首创精神，继续用好“国家生态文明试验区”重大平台，争取国家在改革授权、先行先试、资源配置等方面给予更大支持，深入开展改革创新试验，打造更多先行先试样板。统筹碳达峰碳中和综合评价考核、美丽建设成效考核，构建以绿色发展为导向的科学考核评价体系，融入全省高质量发展综合考评，形成全省上下大抓生态文明建设、加快绿色低碳发展的鲜明导向。

江西在推进长江经济带发展上善作为的对策研究

长江流域生态环境保护和高质量发展正处于由量变到质变的关键时期。我们要保持共抓大保护、生态优先绿色发展的战略定力，乘势而上、久久为功，谋长远之势、行长久之策、建久安之基，持续推动江西省“在推进长江经济带发展上善作为”开局起步、华丽蝶变、行稳致远。

一、着眼谋长远之势，在高水平保护上善作为

高质量的生态环境是推动长江经济带高质量发展的根本依托。要站在人与自然和谐共生的高度谋划发展，在高水平保护上下更大功夫，守护好、利用好“绿色家底”。

（一）统筹共抓大保护和山水林田湖草沙一体化治理

坚持以系统观念治理生态环境，统筹推进系统治理、综合治理、源头治理，着力提升生态系统多样性、稳定性、持续性。一是系统化实施生态保护修复工程。统筹推进“五河两岸一湖一江”全流域治理，开展长江最美岸线林业生态修复工程，实施长江重点生态区和南方丘陵山地带等重要生态系统保护和修复项目。深入实施污染治理“4+1”工程，加快推进废弃矿山治理和修复示范工程、鄱阳湖湿地恢复工程、生物多样性保护重大工程和国土绿化试点示范项目。二是创新生态保护修复模式。积极探索“生态+乡村振兴+融资”“地质环境治理+工矿废弃地复垦+土地开发+山水林田草”“生态修复总项目+土地整治、城乡建设用地增减挂钩、矿山环境治理等多个子项目”等模式创新，推广抚州、赣州等地生态保护修复经验。拓宽生态环境治理投融资渠道，大力推行生态环境导向的开发模式（EOD）项目试点。三是建立跨区域联防联控机制。积极融入建设长江流域生态共同体，创新探索跨流域执法监管机制、联防联控机制。顺应长江全流域完整性管理的要求，坚持“联合指挥、联合监测、联合处置、信息共

享、资源共享”的原则，积极推动跨省流域上下游建立责任明确、协调有序、保护有力的联防联控机制，形成跨界河湖统筹推进、协同治水护水的工作格局。

（二）着力提升生态产品价值实现的规模能级

加快推动生态要素向生产要素、生态财富向经济财富、生态优势向发展优势转变，重点在提升产业化利用和市场化交易规模能级上发力破题。一是大力发展环境敏感型工业。在做大做优生态农业、林下经济、旅游康养、以竹代塑等产业的同时，加快补齐生态工业短板，重点发展对环境质量要求高的精密仪器、电子元器件、生物制药、绿色食品制造等产业，积极培育注重优质生态感受的科技研发、功能性总部等新兴业态。在重点产业招商指导手册加入环境敏感型工业类别，鼓励各市县编制环境敏感型工业招商目录。二是加强生态产品交易市场建设。做大做强南方生态产品交易平台等载体，推动与外省生态优势地区合作，探索推进平台共用、机制共建、利益共享。加快排污权储备交易、自然资源储备、湿地资源运营等试点示范，积极参与全国碳排放交易、温室气体自愿减排交易等市场建设。探索由国有资本牵头设立省级“两山”公司，推动生态资源集中化收储、生态资产专业化经营、生态资本规模化运作。三是加大生态产品价值实现机制改革力度。加强生态产品确权、核算、评估、开发、交易等一体化设计和政策集成。探索生态开发“标准地”改革。推进生态账户体系建设，建立资源生态地价、项目生态影响、产品生态溢价核算标准，开发生态账户数字化应用场景。纵深推动绿色金融改革创新，探索生态资产融资授信方式，构建绿色信贷、绿色基金、绿色保险等多层次、多元化绿色金融体系。

（三）以生态文化自觉自信激发生态文明建设内生动力

以深入发掘长江文化的时代价值为契机，大力弘扬赣鄱优秀传统生态文化，推动创造性转化、创新性发展。一是深入挖掘赣鄱生态文化资源。依托江西厚重的生态文化，大力发展生态文化产业，推出更多体现新时代价值的文艺精品和文创产品，满足人民群众的生态文化需求。加强鄱阳湖流域文明发掘保护、研究阐释和传承弘扬，着力打造鄱阳湖文化符号。加强生态文化理论研究，建设新时代生态文化主题宣教阵地。二是加强生态文化传承载体建设。紧抓长江国际黄金旅游带建设机遇，深度融合城市产城景、交文旅、农文旅等资源，打造具有江西地域特色的长江文化文旅产品，沿赣江打造长江国际黄金旅游带（江西）精品旅游线路。推进江西长江国家文化公园、长征国家文化公园等生态文化载体建设，提升生态文化美誉度和影响力。三是擦亮赣鄱生态文化品牌。打造赣鄱特色生态文化体系，以生态文化建设推动绿色低碳生活方式成风化俗，形成崇尚生态文明的社会氛围。深化生态文明领域交流与合作，推动赣鄱生态文化对外交流向更高水平、更深层次、更宽领域发展，实现文化交流与高质量发展互促共进，让赣鄱生态文化走出去、发展要素引进来。

二、着眼行长久之策，在高质量发展上善作为

进一步推动长江经济带高质量发展，是解决长江流域生态环境问题的治本之策。要完整准确全面贯彻新发展理念，以高水平科技创新培育高质量发展新动能，以高水平协同联动形成高质量发展整体合力。

（一）聚焦优势领域发力抓科技创新

江西科技创新底子薄、资源少、人才缺，要坚持有所为有所不为，实施差异化创新策略。一是有针对性地部署创新链。紧扣产业发展需要，基于比较优势明确江西科技创新主攻方向和突破口。围绕“1269”计划和特色优势产业抓系统布局、系统组织、跨界集成，把政府、市场、社会等各方面力量拧成一股绳，“握指成拳、重点突破”。鼓励重点高校和科研机构设立新型研发机构，探索产业需求导向、产学研用协同的科技创新和成果转化模式，坚决破除一切行政管理的制度藩篱和“单位化藩篱”，最大限度地激发创新活力。二是积极对接国家战略科技资源突破一批关键核心技术。围绕国家战略需求，优化配置创新资源，强化对接国家战略科技力量。全力用好全国重点实验室等国家级创新平台，指导和推动其与地方产业发展和创新链融合。着力开展有组织科研创新，大幅提升科技攻关体系化能力，在若干重点领域形成竞争优势、赢得战略主动。三是着力在绿色低碳领域打造在全国有影响力的产业集群。加快实施低碳、零碳、负碳示范工程，抢占绿色低碳新赛道。大力发展锂电和光伏新能源、节能环保、新型储能、氢能等绿色低碳产业，加快提高绿色低碳产业在经济总量中的比重，构建绿色低碳循环发展经济体系。积极探索省际产业协作和重点城市对口合作机制，推动锂电、光伏等优势产业加快集聚优质资源，细分领域加快承接优质项目，形成优势产业抢位发展、细分领域错位发展的生动局面。

（二）以新一轮思想大解放为先导深化对内对外开放

思想上的短板是最大的短板，思想上的差距是最大的差距。只有思想的解放，才有开放的胸怀、开创的勇气、敢为人先和革故鼎新的锐气。一是谋划实施江西内陆开放型经济试验区2.0版。以自贸试验区10周年为契机，积极争取国家在实施自贸试验区提升战略的同时，统筹支持内陆开放型经济试验区打造升级版。推动试验区与沿江省市自贸试验区联动发展，建立紧密联系、畅通高效的互动机制。围绕写好“双向开放、惠通四方”文章，着力增强内陆开放型经济试验区试验功能，联合国家级智库抓

紧研究试验区 2.0 版国家层面扶持政策，整合省内智库研究省域突破性试验政策。二是加快形成支撑全省域高水平开放的物流发展新格局。针对物流枢纽能级不足的问题，建立省市县物流枢纽建设联动工作机制，及时协调解决物流枢纽建设推进过程中的重点难点问题，加快提升国家物流枢纽、关键物流节点功能，增强物流网络高效组织能力。统筹推动南昌、九江、赣江新区物流一体化发展，合力建设区域性物流枢纽和商贸中心，共建长江经济带重要开放节点、双循环重要支点。三是着力提升开放平台能级。加快口岸功能提升和海关特殊监管区能级提升，推动全省数字口岸信息互通互融，支持依托重点物流枢纽布局海关特殊监管区域，做强空港口岸。构建一体化口岸营商环境，创新跨区域通关模式。围绕推动开发区、口岸、跨境电商综合试验区、外贸转型升级基地等高效协同开放，系统性研究集成化政策。

（三）强化共同体意识推进区域协同融通

坚持把强化区域协同融通作为着力点，全面落实长江经济带发展规划纲要、长江中游三省协同推动高质量发展行动计划，稳步推进生态共同体和利益共同体建设。一是加强产业协作互补。主动融入长江经济带电子信息、汽车、生物医药、化工、轻纺等产业链供应链，优化产业功能布局，强化分工协作和优势互补。积极承接沿江产业布局和转移，大力引进一批龙头企业、头部企业落户江西。发挥“四面逢源”区位优势，做实湘赣边区域合作示范区、浙赣边际合作（衢饶）示范区等合作区，高水平打造产业协作平台。二是加强交通互联互通。以长江流域交通一体化为抓手，整体谋划、统筹建设综合立体交通走廊。合力推动长江黄金水道提质增效，加快建设沿江高速铁路，优化公路运输网络，推进多式联运体系建设。三是加强生态共治共享。建立预防生态环境风险应急统一管理平台，对突发环境事件及时处理，实现对生态环境数据共享和联合监测。建立成本共担利益共享机制，完善地方党委政府考核制度，健全建设跨区域跨流域重大生态保护基础设施、生态产业园区的成本分担和利益共享机制，推行互利共赢的生态治理模式。

三、着眼建久安之基，在高韧性安全上善作为

长江经济带是我国经济重心所在，在全国发展大局中举足轻重。要统筹好发展和安全，在维护国家粮食安全、能源安全、重要产业链供应链安全、水安全等方面发挥更大作用，以一域之稳为全局之安作出贡献。

（一）持续巩固粮食主产区地位

粮食多一点少一点是战术问题，粮食安全是战略问题。要扛牢粮食安全政治责任，同步推进粮食增产和提质。一是大面积提升粮食单产。统筹兼顾主产区和非主产区、高产区和中低产区，明确不同区域主导品种、主推技术和主攻方向，打造示范基地和优势产区，将中低产区提升为高产区、高产区打造成标杆区，带动大面积单产提升和均衡增产。由点及线到面推广先进适用的高质高效品种技术，将试验田示范田产量转化为大田产量。二是切实加强耕地保护。加快建设高标准农田，提升耕地质量，完善耕地占补平衡制度，将各类对耕地的占用统一纳入占补平衡管理，坚持“以补定占”，健全补充耕地质量验收制度。多措并举调动农民和地方政府保护耕地、种粮抓粮积极性，建立种粮农民收益保障机制，发展多种形式的适度规模经营，建立粮食主产区利益补偿机制，形成粮食主产区、主销区、产销平衡区耕地保护合力。三是加大种质资源保护与开发利用。开展种质资源收集鉴定，确保江西名、优、特、濒危种质资源应收尽收。完善品种保护体系，推动优异珍稀地方遗传资源基因永久保存。推进优势特色品种培育，强化种业繁育创新能力建设。聚焦江西地方优势特色品种，实施优良品种种植后补助奖励和企业扶优政策，支持企业与科研单位组建育种攻关联合体，开展育种创新。

（二）加快推进新型能源体系建设

新型能源体系是实现“双碳”目标的根本保障，要加快提升新能源在能源供应和消费中的比重，力促新能源高质量发展。一是推动传统能源低碳转型。用好节能和提高能效这个当前最直接、最有效、最经济的降碳手段，把节能和提高能效摆在更加突出的战略位置。加强煤炭清洁高效利用，大力引进绿色电力，推进抽水蓄能电站建设。统筹推进煤改电、煤改气，推进终端用能领域电能替代，推广新能源车船、热泵、电窑炉等新兴用能方式。二是推进新能源扩量。深化与上游地区的能源合作，加快入赣特高压直流工程建设，推进“源网荷储”一体化，提高能源供应稳定性。加强西南清洁能源引入，建设水光多能互补通道。探索“氢能+新能源”耦合发展，加快新型储能规模化发展。深化电力制度改革，有序推进可再生能源项目绿证全覆盖。三是发展智慧能源。建设一批综合智慧能源项目，打造坚强智能电网。聚焦设备柔性化技术、数字电网、智慧配电网等领域开展重大科技攻关，推动电网数字空间建设应用，支持有条件的地方建设以新能源为主体的微电网、虚拟电厂。

（三）强化战略资源保障和产业备份协同

充分发挥江西产业体系完备和战略资源丰富优势，打造长江经济带重要的产业和资源安全保供基地。一是加强战略资源储备。深入开展新一轮找矿行动，加大稀土、锂、铜、钨、铀等矿产资源勘查储备力度，完善战略资源生产、储备、调拨和监管体系。积极争取国家在江西设立若干关键矿产储备基地，打造一批战略性资源基地，推动建设全球定价中心和交易市场。二是提升优势产业供给保障能力。推动有色金属产业链智能化、低碳化、集群化发展，前端强化矿产资源战略保供和高效化利用、中端提升冶炼和再生金属回收利用等工艺技术水平、后端延伸提升精深加工能力。聚力发展铜、钨、稀土等细分产业链，形成特色鲜明、相对完整、安全可靠的区域产业链供应链体系。三是建设产业备份基地。开展全省产业备份谋划布局，积极争取国家支持江西航空、汽车、电子信息等产业先行打造产业备份基地。建立跨省协作产业备份机制，积极承接发达地区在江西建立关键零部件、关键材料、关键设备等备份。

（四）加强水资源、水环境、水生态统筹

保障水安全，关键要转变治水思路，按照“节水优先、空间均衡、系统治理、两手发力”的方针治水。要推动水生态环境保护由水污染防治为主向水资源、水环境、水生态统筹推进转变，确保一湖清水入长江。一是保障水资源。加强河湖生态流量监管，保障河湖基本生态用水。强化用水总量、用水效率、水功能区纳污“三条红线”管理，提高水资源利用效率。保障城乡饮用水水源水质安全，推动水源地保护从城市向县城、乡镇、农村拓展。尽早开工建设鄱阳湖水利枢纽工程，加快建成赣、抚、尾、闾综合整治工程。二是治理水环境。深入推进流域水污染治理，强化重点水域入河排污口排查整治，扎实推进截污纳管工作，加强城镇污水管网建设和城乡生活污水收集处理。强化农业面源污染防控和拦截利用，加强船舶和港口污染防治，推动鄱阳湖流域总磷污染防治立法。全面推行排污许可执法，加强水污染、固体废弃物污染防治专项执法检查，创新涉生态环境公益侵权案件执法方式。三是保护水生态。全面实施长江保护法，依法严厉打击破坏自然资源、污染流域环境、损害生态系统的违法行为，“岸上”加强水源涵养区和生态缓冲带等区域的保护，持续推进水土流失防治，积极开展江河源头、重要饮用水源地等区域保护与修复，系统推进生态清洁小流域建设。“水里”加强水生生物多样性保护，持续抓好长江“十年禁渔”，强化水生生物重要栖息地完整性保护，提升流域生态环境品质。

生态补偿地方立法的完善对策

——以江西省为例*

生态补偿制度是以保护生态环境、促进人与自然和谐发展为目的，运用政府和市场手段，调节生态保护利益相关者之间利益关系的公共制度，在国外称为生态环境服务付费。2005 年，党的十六届五中全会首次提出要“按照谁开发谁保护、谁受益谁补偿的原则，加快建立生态补偿机制”。作为生态文明制度的重要组成部分，《生态保护补偿条例》多次列入国务院立法计划，生态补偿地位不断提升。江西省作为国家生态文明试验区和我国南方地区的重要生态屏障，生态保护补偿成效显著，全流域生态补偿被列入国家推广清单。通过对我国生态补偿立法现状与实践进行系统梳理，明晰生态补偿立法存在的相关问题，提出江西省生态补偿专项立法的总体构想。

一、生态补偿法理基础及立法概况

（一）生态补偿法理基础

在生态补偿法理基础研究方面，从经济学、生态学基本理论（如外部效应理论、公共产品理论、生态资本理论等）出发，加以推导演绎，或者从法理学的协商民主、环境正义等普适理论出发，加以具体阐释。具体来看：①外部效应理论认为，生态环境资源的开发、利用，一般会产生外部不经济性；对生态资源的保护、建设则会产生外部经济性，而如何将外部效应内部化也成了生态补偿的研究核心。②公共产品理论认为，人们不需要付费即可免费享用的环境、空气等公共产品，会导致公共资源的过度使用，容易出现“搭便车”现象。③生态资本理论认为，生态系统服务具有自身的价值，人类在索取的同时也应当进行相应的投资。④协商民主理论认为，环境正义的

---

* 本文已发表于《环境生态学》2023 年第 9 期，收录本报告中略有改动。

实现离不开公众对环境决策的参与，协商民主理论重视公民参与，提高公民参与公共事务的积极性，为生态补偿制度提供监督和管理保障。⑤作为生态补偿首要法学理论基础的环境正义理论认为，在环境资源的开发、利用和保护上，所有主体一律平等，享有同等的权利、承担同等的义务，建立生态补偿制度是在生态保护者和生态受益者之间寻求代内、代际利益的平衡。

（二）国家层面生态补偿立法概况

根据北京大学法宝法律法规处统计数据，我国与生态补偿有关的法律、法规和部门规章达 313 部，现行的有效法律 30 余部，以国务院相关部门制定的规章居多（137 部），主要涉及自然保护区、生态功能区等重点区域，及森林、流域、草原等自然领域。其中，首部真正意义涉及生态补偿的法律是 1998 年修订的《中华人民共和国森林法》，生态补偿实践则是在 2001 年中央财政设立森林生态效益补助资金后在森林领域开始。此后生态补偿一直在探索中前行，《矿产资源法》（2009 年）、《水土保持法》（2011 年）、《草原法》（2013 年）、《野生动物保护法》（2018 年）等大多提出补偿、奖补等具有生态补偿性质的激励政策，而《环境保护法》（2014 年）、《长江保护法》（2020 年）、《湿地保护法》（2021 年）等明确提出建立和健全如长江流域、湿地、市场化生态补偿制度，包括加大财政转移支付力度、落实生态保护资金、建立横向的协商与市场交易等内容。

生态补偿条例自“十二五”规划首次提出制定后，2013 年 2 月，《生态补偿条例》草案完成后便向社会公开征求意见。2021 年，《生态保护补偿条例》再次面向全社会征求意见，国家发展改革委针对生态补偿制度的建立，专门召开联席会议。随后，《生态保护补偿条例》被列入 2022 年国务院立法计划和 2023 年全面推进乡村振兴重点工作，2024 年 4 月正式发布实施。

（三）地方层面生态补偿立法概况

各地在生态补偿立法方面也开展了积极的探索，根据北大法宝法律法规处统计数据，以地方政府及其相关部门制定的生态补偿文件多达千余项，但由地方人大系统制定已生效的生态补偿专项立法仅有 3 部。其中，我国首部地方生态补偿条例是 2014 年施行的《苏州市生态补偿条例》；2019 年施行的《无锡市生态补偿条例》鼓励社会主体通过自愿协商参与生态补偿市场化活动；2021 年施行的《海南省生态保护补偿条例》则是作为国家生态文明试验区之一的海南省在生态文明领域的重大探索，旨在建立与海南自由贸易港相适应的生态保护补偿机制。

但从现行涉及生态补偿的法律法规来看，生态补偿立法仍存在以下三个问题：首先，生态补偿立法的目的仍有传统立法以经济利益为主的影子，难以体现在保护环境过程中实现生态利益的增值；其次，涉及生态补偿的相关立法分散在不同单行法律中，缺失独立性立法体例，呈现“环境与资源相关法律法规的碎片化”；最后，立法过于原则化，如作为环境基本法的《环境保护法》是全国人大常委会修订通过的，仅提出建立、健全生态保护补偿制度，未对补偿标准、补偿方式等作出具体规定，增加了补偿双方利益博弈的成本。

二、江西省生态补偿立法概况及重点领域实践

环境资源保护立法是江西省地方立法的重要组成部分，更是作为国家生态文明试验区和我国南方重要生态屏障的应有之义。江西省在生态补偿领域已建立包括森林、湿地、矿产、耕地等自然要素，自然保护区，重点生态功能区，饮用水源地等重点区域，横向纵向流域、市场化补偿等多层次、多形式的生态补偿机制，特别是全流域生态补偿被列入国家推广清单。通过对江西省近 20 年来的生态立法进行梳理，检索到江西省各地制定包含“生态补偿”内容的地方性法规、政府规章和规范性文件达 356 部，其中，地方性法规 16 部，生态法治建设领域取得了长足的发展。图 1 显示，江西省生态立法数量经历了二次高峰：第一次是党的十八大报告提出，建设生态文明，是关系人民福祉、关乎民族未来的长远大计。江西省紧紧围绕绿色生态江西建设、鄱阳湖生态经济区建设，省十一届人大五次会开启建设富裕和谐秀美江西新征程；第二次是 2016 年前后，江西省全境列入首批国家生态文明先行示范区和国家生态文明试验区。

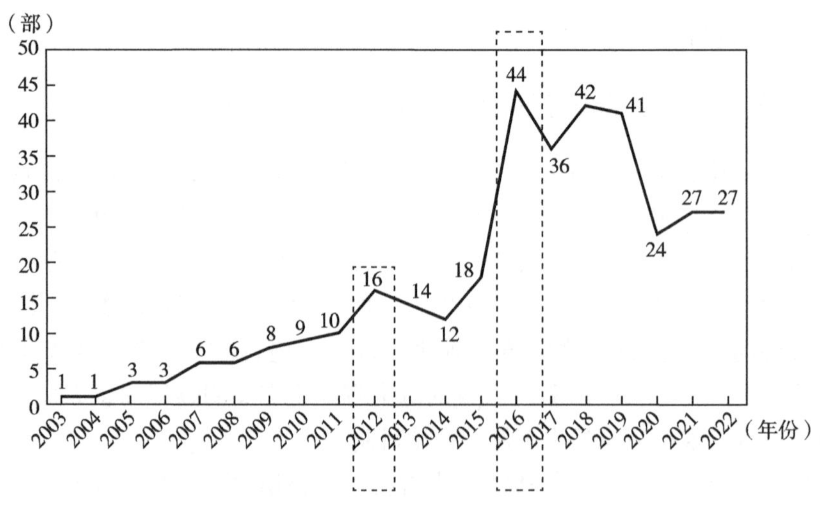

图 1 江西省近 20 年来生态补偿法规变化曲线

（一）森林生态补偿地方立法实践

江西省自2001年被列为森林生态效益补助试点省份并开始实施生态公益林补偿以来，陆续出台了《江西省森林条例》《江西省生态公益林管理办法》《关于完善集体林权制度的实施意见》《关于科学绿化的实施意见》《江西省林长制条例》等政策，将55680平方千米生态公益林及天然商品林纳入生态补偿范围，占全省森林总面积的52%，补偿标准分别为每年21.5元/亩、26.5元/亩。特别是2007年出台的《江西省森林条例》提出，公益林实行森林生态效益补偿制度；2022年出台的《江西省林长制条例》提出，强化健全森林、湿地等生态效益补偿制度，在江西林业资源稳步增长、生态功能不断提升、生态环境持续改善、经济社会可持续发展等方面发挥了重要作用。目前江西省森林覆盖率高达63.1%，居全国第二。

（二）流域生态补偿地方立法实践

江西省于20世纪80年代初就开始了赣江流域水资源生态补偿的山江湖工程。2012年，出台《鄱阳湖生态经济区环境保护条例》，明确提出构建完善的鄱阳湖生态经济区生态补偿机制，同年启动了赣江流域一级支流——袁河流域的萍乡、新余和宜春3个市（县）的水资源生态补偿试点，探索实行流域内跨市（县）交接断面水质和水量控制目标。2015年11月，出台《江西省流域生态补偿办法（试行）》，率先建立覆盖全省所有市、县（区）的全流域生态补偿机制，并于2018年引入贫困县补偿系数加以修订完善，引导生态补偿资金向贫困地区倾斜。跨省流域生态补偿方面，赣粤两省政府于2016年10月签订了《东江流域上下游横向生态补偿协议（2016—2018年）》，赣湘两省政府于2019年7月签订了《渌水流域横向生态保护补偿协议》，为跨省治水、乡村振兴找到突破口。

总的来看，江西省生态补偿立法除了上文提到的三大共性问题，实践过程中还面临以下几个问题：一是生态补偿主客体难以协调。特别是省内跨行政区域水污染问题依然突出，很多地方迫切希望建立补偿机制，但在补偿机制协商过程中，各方在出资比例、分配比例、补偿标准等核心问题上还存在不同意见，仅靠同级政府自主协商难以达成共识。二是市场化、多元化生态补偿进展缓慢。尽管江西省九成县（市、区）已建立横向流域生态补偿机制，但补偿方式大多仍以财政资金为主，碳汇、水权等环境资源权益交易仍在试点阶段，产业扶持、园区飞地、人才支持等多元化补偿方式尚未得到应有的重视，优惠贷款、社会捐赠等其他渠道投入生态补偿方面的资金规模也偏小。三是生态补偿效果有待进一步检验。虽然省级以上财政每年安排大量的生态补偿资金，但部分生态功能地区仍存在生产生活方式转变慢、地方保护投入力度不够等问题。

三、江西省生态补偿综合立法的总体构想

（一）江西省生态补偿综合立法的体例选择

生态补偿制度化、法治化已经是社会各界的共识，实践中常见的生态补偿立法模式有三种：一是生态补偿专项立法模式，对生态补偿进行全面系统的规定，如《海南省生态补偿条例》；二是由多部法律对各类生态补偿分别进行规定的分散立法模式；三是采用生态补偿专项法和单行法并举模式。

根据生态补偿法规调整社会关系的复杂性、关联性及生态补偿立法现状，《江西省生态补偿条例》纳入了2022年、2023年江西省人大常委会重点调研项目，一方面由江西省人大常委会加快出台该条例，对生态补偿定义、补偿主客体、补偿标准、补偿方式、补偿程序、纠纷解决机制及罚则等作出总体规定；另一方面由江西省人大常委会或人民政府及相关部门因地制宜出台单行法律法规或规章，对生态补偿实施进行细化，即采用生态补偿专项法和单行法并举模式。

（二）坚持因地制宜，切实体现立法的区域特色

从前期赴湖南、苏州、无锡等地调研生态补偿立法与实践情况来看，不同地区所确定的生态补偿范围、资金筹集方式、补偿标准与方式、监督考核等内容均有差异，如无锡市确定的生态补偿范围为永久基本农田、水稻田、市属蔬菜基地等10类；苏州市确定的是水稻田、生态公益林等6类，而海南省确定的生态补偿范围是重点生态功能区、国家公园等7类。因此，江西省生态补偿地方立法应当从落实国家要求和地方自身实际出发，强化以下3个重点区域和重点领域的生态保护补偿：

一是要突出鄱阳湖区。鄱阳湖在长江流域具有重要的生态地位，湖区周边人口众多，区域经济社会发展水平相对滞后，叠加全湖区禁捕退捕，保护和发展之间的矛盾更加突出，亟须完善的生态补偿制度设计。二是要突出农业生态环境领域。江西省是农业大省，农业生产空间占国土空间比例较高，在当前农业发展进入全面绿色转型的关键时期，迫切需要加快构建现代农业发展与生态环境保护协同推进的新格局，健全以绿色生态为导向的农业生态补偿制度。三是要突出河湖源头区。江西省五河源头区和东江源头区是重点生态功能区，森林覆盖率高，对全省生态系统稳定、功能提升有重要作用，是支撑全省经济社会发展的重要生态基础。

（三）处理好政府与市场关系，增强立法的可持续性

江西省开展生态补偿最主要的形式是政府补偿，如纳入全国推广的全流域生态补偿，东江、渌水的跨省横向流域补偿等，究其原因是这类生态补偿主体是政府，补偿资金来源稳定，补偿流程简便，协商成本较低。因此，在面临自然资源产权不明晰、财政补偿资金压力过大等困境的同时，市场化、多元化生态补偿进展也相对缓慢，但在市场经济体制下，有必要打好市场化、多元化生态补偿政策组合拳，从前期重点推进对口协作、人才培训等不涉及行政区管理变革的生态补偿方式，向共建园区、产业转移等补偿方式转变，在落实政府生态补偿责任的同时，有效吸纳其他受益的市场主体参与，通过协调多元主体利益关系、责任分担，推动由单一的政府公共财政补偿向政府补偿、市场补偿和社会补偿的多元化补偿方式转变。

（四）加强科技支撑，增强立法的科学性

生态补偿机制的建立是一项复杂而长期的系统工程，从已出台的《海南省生态保护补偿条例》缺乏生态补偿定义也能略知一二，从“十二五”规划首次提出制定生态补偿条例到目前几易其稿但仍未出台便可见一斑。江西省针对即将出台的《江西省生态补偿条例》，还需回答生态补偿如何定义、生态补偿主客体如何确定、重点领域和重点区域生态补偿标准如何细化、市场化及多元化生态补偿如何开展、生态产品价值核算与生态补偿如何有效衔接等问题，生态监测、生态补偿效果评估体系也有待完善。因此，有必要将生态补偿关键问题列入重点科研计划，为建立生态补偿长效机制提供科技支撑。

（五）加强宣传教育，提升公众的参与度

生态补偿带来的生态环境增值是全社会的共同财富，而生态补偿立法作为全民行为准则，更需全民积极主动参与进来。但相关测算的赣江流域南昌段居民生态环境支付意愿结果显示，12.96%的受访居民意愿支付金额为0元，他们认为赣江流域水环境保护是政府的事，因此该由政府出钱进行补偿。同时，受访居民对赣江流域生态补偿政策和《江西省流域生态补偿办法》基本接近完全不了解的状态。赵玉等（2017）通过对赣江流域593份样本数据分析发现，居民对河流的心理所有权越强烈，其支付河流生态服务价值的意愿就越高。这在一定程度上印证了生态补偿相关意识仍有待提升，因此，有必要开展生态补偿进法规、进教材、进社区活动，充分利用法律法规的硬约束和道德软约束，提高公众生态保护补偿的参与度。

四、展望

完善生态保护补偿机制，是深入打造美丽中国江西样板的现实路径，更是践行“绿水青山就是金山银山”理念、促进人与自然和谐共生格局的重要举措。未来可从以下几方面开展更深入的研究和优化：一是在生态补偿专项立法方面，本文仅提出由江西省人大常委会加快出台《江西省生态补偿条例》，未来可以深入研究构思立法的框架和主要内容；二是在市场化、多元化方面，未来可以深入碳排放权、水权等环境资源权益交易的具体政策设计；三是生态补偿效益评估方面，未来可以了解生态补偿是否提高了生态系统的服务功能，以及受补偿地区的社会发展水平是否得到有效提升；四是开展“十五五”乃至更长时期内，生态补偿机制建设的思路、方向、路径等研究；五是作为新兴的、草创时期的部门法学，生态保护补偿自身概念体系和理论基础未来有必要深入研究。

参考文献：

[1] 中国生态补偿机制与政策研究课题组．中国生态补偿机制与政策研究［M］．北京：科学出版社，2007：2-3.

[2] 徐素波，王耀东，耿晓媛．生态补偿：理论综述与研究展望［J］．林业经济，2020（3）：14-26.

[3] 汪劲．论生态补偿的概念——以《生态补偿条例》草案的立法解释为背景［J］．中国地质大学学报（社会科学版），2014，14（1）：1-8.

[4] 王莹．我国森林生态补偿法律机制研究［D］．兰州大学，2021.

[5] 陈群．生态补偿的法理研究［D］．江西财经大学，2017.

[6] 周子航，张京祥，王梓懿．基于区域主体功能视角的生态补偿立法研究［J］．现代城市研究，2022，37（9）：126-132.

[7] 夏梦茹，崔云霞，徐璐朱，等．生态补偿制度地方立法实践研究——以苏州市为例［J］．环境污染与防治，2021，43（11）：1481-1486.

[8] 张献玥．海洋环境保护生态补偿立法问题研究［D］．山西大学，2021.

[9] 韦贵红．我国森林生态补偿立法存在的问题与对策［J］．北京林业大学学报（社会科学版），2011，10（4）：14-20.

[10] 唐士梅．陕西省生态补偿地方立法的完善对策［J］．陕西理工大学学报（社会科学版），2019，37（5）：19-24.

［11］刘艳．后脱贫时代生态补偿立法体系的构建［J］．山西农业大学学报（社会科学版），2020，19（5）：44-46.

［12］南茜．我国生态补偿地方立法分析［D］．山西大学，2017.

［13］温华．农业生态补偿立法探析［J］．农业经济，2017（7）：3.

［14］沈友华，徐成文．我国矿产资源生态补偿立法现状与完善［J］．中国林业经济，2018（1）：4.

［15］张慧丽．鄱阳湖流域生态补偿中的长效机制研究［D］．南昌航空大学，2020.

［16］廖乐逵，虞璐睿，谢澍．探索流域生态补偿“江西经验”走出“绿色发展”新路子［J］．中国财政，2022（4）：65-67.

［17］韩卫平．论生态补偿立法体例［J］．环境与可持续发展，2018，43（1）：106-108.

［18］施海智．生态补偿的地方立法研究——以宁夏为中心［J］．北方民族大学学报，2020（1）：165-170.

［19］陈建．基于 cvm 的流域生态补偿支付意愿的实证研究［D］．江西财经大学，2018.

［20］赵玉，张玉，熊国保．基于随机效用理论的赣江流域生态补偿支付意愿研究［J］．长江流域资源与环境，2017，26（7）：1049-1056.

江西省市场化多元化生态保护补偿激励机制研究

党的十八大以来，江西全力推进国家生态文明试验区建设和全域生态产品价值实践机制试点，生态保护补偿工作加快推进，重点领域、重点区域、流域上下游补偿范围逐步扩大，投入力度逐步加大，体制机制建设取得初步成效，但在实践中还存在企业和社会公众参与度不高、优良生态产品和生态服务供给不足等矛盾和问题，亟须建立政府主导、企业和社会参与、市场化运作、可持续的生态保护补偿机制，激发全社会参与生态保护的积极性，助力江西打造国家生态文明建设高地。

一、江西省市场化生态保护补偿激励机制实践进展现状

市场化生态保护补偿激励机制是依据各领域生态保护补偿绩效评估结果，运用财政、税收、价格、金融、用地指标等政策工具，通过生态保护补偿资金分配与生态保护成效相挂钩实现激励与约束功能的一体化机制，是生态保护补偿机制的重要组成部分。生态保护补偿作为解决资源利用问题和资源利益平衡问题的重要经济手段，缺乏制度实施的评估与评价，会导致制度实施没有约束机制，不利于相关部门进行政策改进，降低制度实施实效。因此，有必要加强生态保护补偿激励机制及绩效评估相关研究。

（一）江西省市场化生态保护补偿进展简述

党的十八大以来，江西省在自然资源资产产权制度改革、碳排放权交易、排污权交易、林业碳汇市场化交易、水权交易、生态产业奖补、绿色金融改革创新等市场化生态保护补偿取得显著成效，但尚存在市场化补偿进展缓慢，生态价值“难度量、难抵押、难交易、难变现”，生态补偿绩效评估机制欠缺等问题。

（二）江西省市场化生态保护补偿激励机制现状

近年来，江西省积极推进多元市场化生态保护补偿及相关激励机制建设，在资源有偿使用、生态税费、生态产业化发展，绿色/生态产品标识、生态产品供给与交易政策补贴、生态产品消费税以及碳排放权、排污权等环境许可权、资源开发权、土地发展权等市场支持政策等方面都有探索，大致可分为绿色财政、绿色税收、绿色金融、绿色产业等激励政策。

1. 绿色财政政策手段

财政资金补贴是激励生态产品供给的核心政策工具之一。近年来，江西省扎实推进绿色财政政策，通过贷款贴息、资金资助、技术支持等促进提升生态产品供给能力，引导企业、社会组织及个人选择投入绿色/生态产品生产和市场交易，促进全社会形成资源节约、环境保护的生产与消费格局（见表1）。

表1　江西省绿色财政激励政策

政策文件	规定内容
江西省政府采购电子卖场（政采云）	“绿色生态馆”是以江西省政府采购电子卖场为依托，展示和销售获得“江西绿色生态”品牌认证的绿色农产品、绿色食品、绿色工业品和绿色服务场馆。是积极落实政府采购支持节约能源、保护环境、乡村振兴等政策功能，培育推广“江西绿色生态品牌”，助力江西绿色生态产业高质量发展，打造江西绿色名片的政策举措
江西省农业农村厅办公室关于印发《2018年江西省“三品一标”认证补助及证后监管工作方案》的通知	新认证绿色食品，每个补助1.5万元；续展绿色食品，每个补助0.5万元；单个企业获绿色食品补助累计不超过4万元；获得有机产品认证证书，每个补助1万元；单个企业获有机产品补助累计不超过4万元；新登记农产品地理标志产品，每个补助4万元
江西省林业局办公室关于印发《江西省森林碳汇综合能力评价方案（试行）》的通知	评价结果将向全省通报，并作为科学提升森林生态系统固碳增汇能力、测算生态保护补偿资金、考核相关部门碳汇工作能力等重要依据
江西省级自然资源保护和利用专项资金管理办法（2022）	第二条规定，省级自然资源保护和利用专项资金，是指省级财政预算安排用于支持江西省自然资源保护和利用的专项资金
江西省人民政府办公厅关于鼓励和支持社会资本参与生态保护修复的实施意见（2022）	四、支持政策 （七）财税支持。发挥财政引导和带动作用，设立省级自然资源保护和利用专项资金。根据各地生态保护修复工作进展及成效，分配有关转移支付资金，奖优罚劣，形成正向激励，对完成生态保护修复任务的地方，保障生态保护修复主体合理收益。符合长江经济带绿色发展支持范围的生态保护修复项目予以优先支持。对于有稳定经营性收入的项目，允许市、县级政府通过PPP等模式引入社会资本开展生态保护修复，由同级发展改革或财政部门审批
江西省矿山生态修复与利用条例（2022年）	县级以上人民政府可以通过下列方式支持社会投资历史遗留矿山生态修复与利用： （四）国家和本省规定的其他支持方式。社会资本与政府合作的矿山生态修复项目有稳定经营性收入的，县级以上人民政府可以按照规定通过投资补助、运营补贴、贷款贴息、资本金注入等方式支持社会投资获得合理回报

续表

政策文件	规定内容
江西省标准化条例（2020年）	设“江西绿色生态”标准特别规定专章（第四章），推行“江西绿色生态”标志制度，规定江西省制定的地方准、团体标准、企业标准，经自愿申请和第三方机构评价，符合资源节约、环境保护、生态协调、质量领先要求的，可以在标准文本上使用“江西绿色生态”标志。对通过认证的企业产品或服务，允许企业在相应产品标签或服务宣传推广中使用“江西绿色生态”标志
江西省流域生态补偿办法（2018）	对发生重大以上级别环境污染事故或生态破坏事件的县、市、区扣除当年补偿资金的30%~50%，所扣资金纳入次年全省流域生态补偿资金总额
江西省农业生态环境保护条例（2018年）	第五条规定，统筹相关农业补贴资金，采取农业生态环境补贴或者生态保护补偿等措施，对从事有机农业、生态循环农业活动的农业生产者给予扶持
江西省传统村落保护条例（2016年）	第四十条规定，县级以上人民政府应当加强对保护示范区（县）的保护和建设，在政策、资金、基础设施建设等方面予以优惠
江西省林业有害生物防治条例（2014年）	第三十三条规定，县级以上人民政府及其林业、农业等有关主管部门应当在防治技术、设备等方面，扶持林业经营者建立林业有害生物防治合作组织，按国家有关规定将防治需要的相关机具列入农机补贴范围
江西省林木种子条例（2019年）	第三十九条规定，省人民政府应当完善省级林木良种补贴制度，合理确定补贴标准，逐步扩大补贴范围
江西省湖泊保护条例（2021年）	第十一条规定，对划定为饮用水水源保护区或者具有重要生态功能的湖泊，县级以上人民政府应当建立市场化、多元化生态保护补偿机制，并在资金投入、基础设施建设等方面给予支持
江西省林长制条例（2022年）	第四条规定，加强林业资源、重要生态区域和生态脆弱区域保护，健全森林、湿地等生态效益补偿制度
江西省碳达峰碳中和财政资金管理办法（2022年）	第六条规定，“双碳”资金主要支持碳达峰碳中和试点示范建设、碳达峰碳中和基础能力建设，以及对碳达峰碳中和工作成效突出的地区评价激励等
江西省财政 印发江西省资源枯竭城市转移支付办法（2021）	第二条规定，补助对象和补助期限。 具体包括资源枯竭城市和独立工矿区（或采煤沉陷区）两类补助

资料来源：政策文件及数据来自江西省政府及省直相关政府部门网站及新闻报道。

2. 绿色税收激励手段

江西省切实贯彻国家绿色税收激励政策，实施环境保护税、资源税、消费税等税收政策，以税收作为市场经济调节杠杆，支持绿色利益全社会共同分享（见表2）。

表2　江西省绿色税收激励政策

名称	规定内容
江西省人民政府办公厅关于鼓励和支持社会资本参与生态保护修复的实施意见（2022）	符合条件的生态保护修复项目可按规定享受环境保护、节能节水等相应税收优惠政策
从事污染防治的第三方企业减按15%的税率征收企业所得税	自2019年1月1日起至2023年12月31日，对符合条件的从事污染防治的第三方企业（以下称第三方防治企业）减按15%的税率征收企业所得税

续表

名称	规定内容
企业厂区以外的公共绿化用地免征城镇土地使用税	对企业厂区（包括生产、办公及生活区）以外的公共绿化用地和向社会开放的公园用地，暂免征收土地使用税
合同能源管理项目（货物）暂免征收增值税	节能服务公司实施符合条件的合同能源管理项目，将项目中的增值税应税货物转让给用能企业，暂免征收增值税
合同能源管理项目（服务）免征增值税	节能服务公司实施符合条件的实施合同能源管理服务，免征增值税
节能服务公司实施合同能源管理项目的所得定期减免企业所得税	自2011年1月1日起，对符合条件的节能服务公司实施合同能源管理项目，符合企业所得税税法有关规定的，自项目取得第一笔生产经营收入所属纳税年度起，第一年至第三年免征企业所得税，第四年至第六年按照25%的法定税率减半征收企业所得税
滴灌产品免征增值税	自2007年7月1日起，纳税人生产销售和批发、零售滴灌带和滴灌管产品免征增值税
建设市政生态环境保护基础设施项目免征水土保持补偿费	建设市政生态环境保护基础设施项目的，免征水土保持补偿费
按照水土保持规划开展水土流失治理活动免征水土保持补偿费	按照水土保持规划开展水土流失治理活动的，免征水土保持补偿费
从事符合条件的节能节水项目的所得定期减免企业所得税	企业从事符合条件的节能节水项目的所得，自项目取得第一笔生产经营收入所属纳税年度起，第一年至第三年免征企业所得税，第四年至第六年减半征收企业所得税
新能源车船免征车船税	对新能源车船，免征车船税
新能源汽车免征车辆购置税	自2021年1月1日至2022年12月31日，对购置的新能源汽车免征车辆购置税
取用污水处理再生水免征水资源税	取用污水处理再生水，免征水资源税
抽水蓄能发电取用水免征水资源税	抽水蓄能发电取用水，免征水资源税
城乡污水集中处理、生活垃圾集中处理场所排放污染物免征环境保护税	依法设立的城乡污水集中处理、生活垃圾集中处理场所排放相应应税污染物，不超过国家和地方规定的排放标准的，暂予免征环境保护税
资源综合利用产品及劳务增值税即征即退	自2022年3月1日起，增值税一般纳税人销售自产的资源综合利用产品和提供资源综合利用劳务，可享受增值税即征即退政策
综合利用资源生产产品取得的收入在计算应纳税所得额时减计收入	企业以《资源综合利用企业所得税优惠目录》规定的资源作为主要原材料，生产国家非限制和禁止并符合国家和行业相关标准的产品取得的收入，减按90%计入收入总额
综合利用的固体废物免征环境保护税	纳税人综合利用的固体废物，符合国家和地方环境保护标准的，暂予免征环境保护税
垃圾处理、污泥处理处置劳务增值税即征即退或免征增值税	纳税人从事《资源综合利用产品和劳务增值税优惠目录（2022年版）》5.1“垃圾处理、污泥处理处置劳务”项目，可以选择享受2021年第40号规定的增值税即征即退政策，或选择享受免征增值税政策
污水处理劳务增值税即征即退或免征增值税	纳税人从事《资源综合利用产品和劳务增值税优惠目录（2022年版）》5.2“污水处理劳务”项目，可以选择享受2021年第40号规定的增值税即征即退政策，或选择享受免征增值税政策

续表

名称	规定内容
污水处理费免征增值税	对各级政府及主管部门委托自来水厂（公司）随水费收取的污水处理费，免征增值税
中国清洁发展机制基金取得的收入免征企业所得税	对中国清洁发展机制基金（以下简称清洁基金）取得的符合条件的收入，免征企业所得税
实施清洁发展机制项目减免企业所得税	对企业实施的将温室气体减排量转让收入的65%上缴给国家的氢氟碳化物（HFC）和全氟碳化物（PFC）类CDM项目，以及将温室气体减排量转让收入的30%上缴给国家的氧化亚氮（N_2O）类CDM项目，其实施该类CDM项目的所得，自项目取得第一笔减排量转让收入所属纳税年度起，第一年至第三年免征企业所得税，第四年至第六年减半征收企业所得税
分布式光伏发电自发自用电量免收国家重大水利工程建设基金	对分布式光伏发电自发自用电量免收国家重大水利工程建设基金
风力发电增值税即征即退	自2015年7月1日起，对纳税人销售自产的利用风力生产的电力产品，实行增值税即征即退50%的政策
分布式光伏发电自发自用电量免收可再生能源电价附加	对分布式光伏发电自发自用电量免收可再生能源电价附加

资料来源：来自江西省政府及省直相关政府部门网站及新闻报道。

3. 绿色金融政策手段

近年来，江西省积极推进“气候金融、碳金融”等，开发了绿色保险、绿色债券、绿色信贷等金融产品（见表3）。

表3　江西省绿色金融激励政策

政策文件	规定内容
江西省绿色金融发展规划（2022—2025年）	发挥碳减排支持工具、再贷款、再贴现、宏观审慎评估等货币政策工具的引导与激励作用，综合运用考核激励与奖补等，鼓励各地区因地制宜实行绿色金融激励措施，完善面向企业与金融机构、产品与实施项目的多元激励机制。推动全省金融机构将绿色金融发展情况纳入金融机构的内部考评工作
关于开展水稻完全成本保险工作的通知	2021年在全省26个产粮大县开展水稻完全成本保险试点，2022年推广到全省所有产粮大县
赣江新区管委会关于印发《赣江新区绿色企业认定评价办法》《赣江新区绿色项目认定评价办法》和《赣江新区企业环境信息披露指引》的通知	第二十九条规定，经评估认定的绿色企业，在向金融机构申请贷款融资时，可享受相应的信贷补贴。（一）被认定为深绿等级的企业，在申请金融机构贷款时给予信贷额度1%的补贴，单家企业的年度补贴总额最高不超过100万元；（二）被认定为中绿等级的企业，在申请金融机构贷款时给予信贷额度0.5%的补贴，单家企业的年度补贴总额最高不超过50万元；（三）企业按照贷款合同约定进行正常的还本付息后，于年度终了后持贷款协议及还本付息凭证等相关证明材料，向绿色企业评价小组申请信贷补贴

续表

政策文件	规定内容
江西省人民政府办公厅关于鼓励和支持社会资本参与生态保护修复的实施意见（2022）	在不新增地方政府隐性债务的前提下，鼓励与支持省内各金融机构参与生态保护修复项目，优化信贷评审方式，积极开发绿色金融产品，按市场化原则为项目提供中长期资金支持。鼓励与支持社会资本与金融机构合作，利用绿色基金、绿色债券、绿色信贷、绿色保险等金融工具，拓宽融资渠道，支持符合或具备条件的企业发行绿色债券、绿色资产证券化产品及上市融资
江西银保监局发布江西省银行机构绿色信贷工作考核评价办法（2022年）	绿色信贷工作考核评价体系由主体评价体系和附加评价体系两部分构成，设置考评指标38项，定量、定性指标占比分别为42%、58%。一是紧扣发展形势。主体评价体系突出对碳达峰碳中和、生态产品价值等相关重点领域金融服务情况的考核，设置了“实行棕色资产敞口管理”“加强客户及自身碳足迹管理”“积极开展环境权益融资业务”“设计推出与客户碳足迹挂钩的绿色金融产品、低碳转型金融产品”等考评指标

资料来源：政策文件及数据来自江西省政府及省直相关政府部门网站及新闻报道。

4. 生态权益交易的价格及配额手段

江西省积极推进将生态资源、环境品质权益化和产品化，由市场化运作进行环境权益产品交易，如用地指标奖励、政府采购奖励、环境许可等（见表4）。

表4　江西省生态权益交易的价格及配额政策工具

政策文件	规定内容
江西省矿山生态修复与利用条例（2022年）	县级以上人民政府可以通过下列方式支持社会投资历史遗留矿山生态修复与利用 （一）允许社会投资者获得修复后的土地等相关自然资源资产使用权或者特许经营权发展适宜产业，并与生态修复项目承担单位同时签订矿山生态修复协议和自然资源资产配置协议 （二）允许社会投资者从修复后产生的补充耕地指标、腾退的建设用地指标、建设项目使用林地定额、新增湿地占补平衡指标等生态修复产品收益中获得投资回报 （三）支持社会投资者对修复形成的具有碳汇能力且符合相关要求的生态系统，按照有关规定申请核证碳汇增量并进行交易
江西省人民政府办公厅关于鼓励和支持社会资本参与生态保护修复的实施意见（2022）	（二）产权激励。开展生态修复规模达到10公顷以上的，允许由生态保护修复主体依法依规在市、县域范围内取得不超过生态修复面积10%的新增建设用地，从事旅游、康养、体育、设施农业、文化教育、光伏等产业开发，反哺社会资本投入和后续产业发展；其中修复规模60%以上为林（草）地的，可利用不超过3%的修复面积，从事林业、农业、旅游业等生态产业开发；鼓励和支持在生态保护修复区域开展地热、矿泉水的绿色勘查与合理利用 （三）指标使用。建设用地修复为农用地并验收合格后，腾退的建设用地指标可以优先用于当地相关产业发展，节余的指标可以在省域范围内有偿流转使用。开展“林地占补平衡”试点。生态修复为林地并经验收合格后，纳入补充林地储备库，按照“先补后占、占补平衡”的原则，可折抵占用林地定额，并保障生态保护修复主体合理收益

资料来源：来自江西省政府及省直相关政府部门网站及新闻报道。

二、江西省市场化生态保护补偿励机制实践存在的困难和问题

综上所述，江西省各领域市场化生态保护补偿虽取得显著成效，但生态保护补偿激励约束机制仅在部分领域得以建立，尚存在生态补偿市场化机制的制度体系不健全、政府投融资功能未得到有效发挥、市场交易平台不完善等问题。

（一）市场化机制的制度体系不健全

一是产权不清晰。生态补偿涉及谁来补偿、补偿给谁、补偿什么以及补偿标准等问题。解决这些问题的关键在于提前界定好产权，否则就会阻碍生态补偿市场化机制的建立和发展。二是补偿方式单一。江西现有的补偿方式主要依赖中央财政的转移支付，缺乏综合财政资金、社会资金、行业横向资金为一体的综合补偿方式，需要改变现行财政与补偿对象一对一的局面，丰富生态补偿的方式，增加生态补偿的参与主体，为生态补偿市场化机制建设打好现实基础。三是补偿标准不一。例如，在征收资源税时经常会出现由于出现多个征收主体、各地区差异等而导致收费标准不一的情况。又如，在流域生态补偿中，以水质为主，考虑水量因素不多，并且不同流域补偿协议金额差别很大、标准不一。

（二）市场化补偿主体投融资功能未得到有效发挥

一是融资主体单一。在江西省现行的生态补偿制度中，政府的财政资金基本组成了生态补偿费用的一大部分，如来自中央政府的转移支付资金、地方政府设立的生态专项基金等，而来自环境保护受益地区的政府、企业和个人补偿资金仅占了很小一部分。没有成功地激励企业和个人参与到生态补偿中来，保护环境的积极性不高，也缺少针对生态补偿的公益性捐赠资金。从今后的发展来看，政策性银行的融资、土地批租收益等都可以适当纳入生态补偿融资渠道。二是项目的经营方式缺乏创新。从江西省现行的生态补偿项目经营方式来看，缺乏有效的创新，基本上都是政府建设、经营、管理和维护。这种做法一方面使政府受限于资金“瓶颈”，另一方面也使社会对生态产品的资产价值没有得到充分的认识。

（三）市场化交易平台培育不够

生态产品具有公共品的特性，作为公共产权，在界定、转让、获取和保护等方面

所需要的交易成本是很大的，因此，要积极培育市场交易平台，引入产权交易。江西省虽有公共交易集团、各地“两山”转化中心等场所，但是系统性功能性平台培育数量不够，需推动自然资源一体化收储、平台化运营，打通资源整合收储、资产整理、资本引入、运营发展等关键环节。

三、推进江西省市场化生态保护补偿激励机制建设的对策建议

要充分发挥江西省作为国家生态文明试验区和全国唯一省域生态产品价值实现试点省优势，调动各方力量积极投入生态保护，按照国家和省委、省政府关于生态保护补偿的决策部署，总结市场化的生态保护补偿、生态产品价值实现的经验，积极探索和稳步推进实施市场化的生态保护补偿，构建完善有效的激励机制，切实推进生态保护和环境治理。

（一）构建基于生态产品价值转化的市场化生态保护补偿机制

市场化生态保护补偿机制构建应深化“绿水青山就是金山银山”的理念，以持续满足人民群众日益增长的优质生态产品需要为目的，以无形生态产品、有形生态产品、权益性生态产品为产品对象，发挥政府的引导作用，激发全社会参与、吸引社会资本进入，加快推动生态产品市场体系建设，促进生态保护和生态产品价值实现，推动生态产品市场的宏观调控和生态保护补偿市场化管理。

1. 科学确定生态产品及价值核算

在国内外生态系统服务以及已有生态标签、环境标志、绿色产品环境标志认证、有机产品认证等基础上，以绿色农产品、绿色食品、绿色能源产品及节能节水环保产品为主，深化理解生态服务无形生态产品、有形生态产品、权益性生态产品，构建与世界接轨的、衔接国家标准、全省统一的体系化的绿色/生态产品目录清单，科学合理地进行生态产品价值评估与货币化核算，通过市场供给与需求给予市场定价指导，为促进生态产品市场交易奠定基础。

2. 公平公正配置权益生态产品市场配额

要充分吸收碳排放权、水权等的市场配额交易经验，加快建立健全权益生态产品市场。一是加快完善生态资源产权制度，明晰和登记生态资源产权，发展生态资源有偿使用市场；二是因地制宜公平公正配置地区生态资源配额、绩效目标，加强生态资源消耗评估及生态保护、环境治理绩效考核，超额使用生态资源配额的地区、生态保

护低绩效地区可购买其他地区的剩余生态资源配额、高绩效配额，促进地区之间的市场配额交易；三是合理制定企业生态环境许可配额，如资源开发许可、排污许可、碳排放许可等配额，建立企业之间、企业与政府之间的市场配额交易制度，促进生态环境许可的市场配额交易，吸引广大企业积极参与生态保护，扩展市场化生态保护补偿范围。

3. 因地制宜拟定生态产业化项目

生态产业化发展是吸引社会资本进入生态保护领域的重要路径。地方政府应因地制宜拟定生态产业化台账，构建有利于生态产业化的制度环境。首先，将生态保护、生态修复任务项目化。例如，制定自然保护区、退耕还林、防沙治沙、荒地开发等具体项目。其次，根据生态系统结构、功能、过程机理等制定生态保护、生态修复等项目目标、任务与要求。再次，针对各类生态产业化项目，与生态休闲旅游、生态康养、生态科技教育等协同一体化设计，匹配生态合约特许经营项目。最后，依据投入成本、机会成本及激励优惠等，拟定项目建设总价，通过承包、转让、租赁、拍卖等形式，政府与企业、社会组织或个人签订合约协议，政府向生态产业化企业支付补偿或给予优惠政策。

（二）完善市场化的生态保护补偿配套措施

要完善配套措施，为加快推进完善市场化、多元化生态保护补偿机制给予政策支持。

1. 完善技术支撑体系

为有效推动跨区域生态补偿市场机制建设，促进生态产品价值的市场化交易，应以生态产品供给能力提升、生态产品标识标准及价值评估、产品市场交易监管以及生态补偿标准、绩效监测等为基础，加快规范市场化生态保护补偿的技术标准，推动生态保护补偿规范化。当前，可重点考虑以下几方面的技术支撑：一是生态产品标识标准；二是生态产品生产成本、机会成本及价值价格核算技术；三是生态资源产权界定及价值核算技术；四是生态保护绩效核算技术以及生态破坏、环境污染的损失性量化核算技术；五是生态保护补偿标准、方式、考核、监管技术规范。

2. 健全法律法规制度体系

自 1981 年 10 月省人大制定江西省第一部环境资源保护法规——《江西省矿产资源保护暂行办法》起，40 多年来江西省先后制定和修改了 100 多件环境资源保护法规，虽涉及生态保护补偿相关条款和内容，但是不系统、不充分，亟须针对生态保护补偿专门立法。要加快整合统一相关法律法规，出台《江西省生态保护补偿条例》，规定市场机制补偿相关条款，推动市场化生态保护补偿法治化。

（三）健全财税、金融等方面的长效激励机制

生态保护补偿制度是一项激励性制度安排，需要按照受益者付费原则，通过市场

化、多元化方式对保护者进行生态补偿，以调动各方参与主体的环保积极性。因此，在生态保护补偿制度实施过程中，从激励方式选择和优惠政策辅助两个方面完善长效激励机制，以增强江西省市场化生态保护补偿制度的激励性力量。

1. 选择合适的激励方式

激励方式的选择主要分为“激励组合”和“措施类型”两部分，前者是指在一类激励措施中可以形成多种激励组合，如生态保护补偿制度采用经济激励的方式不仅给予保护者基础性补偿资金，同时还附加部分浮动性质的补偿资金。后者则是指运用经济手段、行政手段、制度手段和法律手段，形成不同的激励措施，如目标物质类的经济激励、行政范围类的晋升激励、价值提升类的荣誉激励等。

2. 完善辅助优惠政策

为了进一步提高市场化生态保护补偿制度的有效性，政府既要对参与补偿制度的微观企业落实税收优惠政策，适度减免该部分企业的纳税负担，也要在企业融资过程中，加大对其绿色创新的融资支持力度。从政府对企业流动资金的“一增一减”中，提高企业环境保护与治理的行为积极性。

江西省废旧物资循环利用体系城市和“无废城市”建设试点调研报告

党的二十大报告指出“实施全面节约战略，推进各类资源节约集约利用，加快构建废弃物循环利用体系”。国家《“十四五”规划纲要》提出“加强废旧物品回收设施规划建设，完善城市废旧物品回收分拣体系，推行生产企业‘逆向回收’等模式，建立健全线上线下融合、流向可控的资源回收体系”。为此，国家发展改革委和生态环境部分别开展废旧物资循环利用体系城市试点和“无废城市”建设试点。

2022 年 1 月，国家发展改革委等部门联合印发《关于加快废旧物资循环利用体系建设的指导意见》，明确 2025 年前做好我国废旧物资循环利用工作的发展目标和主要任务，确定了总体思路和工作措施。2022 年 7 月，国家发展改革委等 7 部门印发《废旧物资循环利用体系建设重点城市名单》，江西省的南昌市、吉安市入选全国 60 个废旧物资循环利用体系建设重点城市。“无废城市”是以持续推进固体废物源头减量和资源化利用、最大限度减少填埋量、将固体废物环境影响降至最低的城市发展模式，也是一种先进的城市管理理念。2018 年 12 月，国务院办公厅印发《“无废城市”建设试点工作方案》。2019 年 4 月，生态环境部公布 11 个“无废城市”建设试点，江西省瑞金市参照“无废城市”建设试点推动。2022 年 4 月，生态环境部公布“十四五”时期“无废城市”建设名单，江西省九江市、赣州市、吉安市、抚州市入选并编制实施方案，目前在有序推进中。无论是“无废城市”建设，还是废旧物资循环利用体系城市建设，本质上都是绿色发展、循环经济相关范畴。

一、试点进展情况

江西省多市自入选试点建设以来，深入贯彻实施全面节约战略，推进各类资源节约集约利用，废旧物资循环利用体系城市试点工作和“无废城市”建设试点建设取得明显成效。

（一）强化工作谋划部署，稳步推进试点组织实施体系建设

一是高位谋划，强化组织领导。各市高度重视废旧物资循环利用体系城市和“无废城市”试点建设工作，成立建设工作专班，聘请专业团队科学编制方案，先后出台《南昌市废旧物资循环利用体系建设实施方案》《抚州市“十四五”时期“无废城市”建设实施方案》《赣州市“无废城市”建设工作协调推进机制》等系列文件，系统规划建设工作。二是明确目标，把握建设重点。依照实施方案，明确建设指标、任务清单、项目清单和责任清单，明确制度、市场、技术和监管“四大体系”建设任务，着力抓好特色亮点的示范创新，加快推进工程领域建设项目进度。三是细化分工，序时推进工作。明确各责任部门分工，严格对照任务分工，制订年度实施计划，细化工作目标、措施及进度，将各项任务分解到位、责任到人，确保指标有牵头、任务能落实，初步形成上下联动、部门协作、多方参与、共同推进的工作格局。

（二）统筹固废回收处理，全面提升资源化利用水平

一是健全垃圾分类体制机制，加快再生资源回收站点建设。积极倡导生活垃圾分类，推动建立垃圾分类投放亭、生活垃圾转运站、分拣中心；加强生活垃圾焚烧发电设施建设，基本实现原生城乡生活垃圾“零填埋”“全焚烧”；有序推进餐厨垃圾收集运输处置体系；推进城区园林绿化废弃物综合处理，抚州市入选住建部城市园林绿化垃圾处理和资源化利用试点城市，园林绿化废弃物年处理能力近2000吨。二是推进固体废物源头减量，提升环境消纳能效。积极推进工业固废减量，鼓励企业加大投入实施项目改造升级；加快建筑领域废弃物源头减量，抚州市依托国家级装配式建筑产业基地大力推广装配式建筑，实施装配式建筑面积143.9万平方米。三是深化农业固废回收处置，强化农业废弃物资源化利用。建立秸秆收储中心及农膜回收网点，持续开展农药包装废弃物及废旧农膜回收工作；制定加强规模以下养殖场污染治理和粪污资源化利用制度，强化畜禽粪污等综合利用；推动农业农村领域减排固碳，引导企业利用优势发展绿色食品、有机农产品认证；持续开展畜禽标准化示范场创建，推进畜禽粪污规范、高效利用。

（三）实施建链强链补链，推进产业化利用体系建设

一是推动再生资源加工利用集聚化发展。南昌市依托进贤县医科园医疗器械生产基地，积极打造医疗器械循环利用基地；依托进贤经济开发区，打造废纸等再生资源品类生产、循环利用产业链；依托高新技术产业开发区、安义高新技术产业园区，完善铜铝等有色金属精深加工循环经济产业链。二是鼓励企业技术创新。出台一系列政策支持再生资源类公司科技攻关，支持再生资源企业申报国家先进技术，连续开展国家工业资源综合利用先进适用工艺技术设备目录推荐工作，鼓励企业不断探索提升工

艺，江铜集团通过改造处理工艺每年可减少铜损失 15 吨。三是推进二手商品交易体系建设。积极培育二手商品市场主体，完善市场化运行机制，鼓励二手车等高附加值二手商品交易；加快二手商品交易场所建设，推进二手车交易登记跨省通办便利二手车异地交易试点建设。

（四）推进政策体系建设，稳步保障体系建设有力实施

一是加大对生活垃圾回收的财政投入。南昌市各级政府将垃圾分类工作经费列入同级财政预算，加大资金投入完善垃圾分类功能设施，补齐末端设施处理能力不足短板，大力提升垃圾处理能力，稳步推进生活垃圾分类工作开展。南昌市财政每年对垃圾分类实行财政补贴，按照垃圾分类开展区域的户籍人口每人每年 20 元的标准安排垃圾分类奖补经费，2023 年安排奖补资金 1. 07 亿元。二是实行对低附加值可回收物的补贴。2023 年 3 月起执行《南昌市低附加值可回收物回收处理补贴试行办法》，明确对满足条件的废玻璃、废塑料（部分）、废纺织物、废木类等低附加值回收企业进行补贴，且补贴资金由各县区纳入本级财政年度预算统筹安排。三是优化退税降费机制。按照向公益性品种、产业集聚和科技创新倾斜的原则，加大对回收加工企业的支持力度。四是强化用地资源保障。南昌市加强与自然资源规划部门衔接，探讨研究将交投点、中转站、分拣中心等废旧物资回收网络体系建设用地纳入《南昌市土地储备三年滚动计划（2023—2025 年）》《安义县国土空间总体规划（2021—2035 年）》《进贤县国土空间总体规划（2021—2035 年）》等文件中，保障项目建设合理用地需求。

（五）强化固废统一监管，加大执法力度

一是健全统计申报登记台账制度。吉安市印发《关于实施一般工业固体废物申报登记制度的通知》，94 家企业完成了 2022 年度一般工业固废申报登记；建立工业固体废物管理台账。建立绿色矿山工作推进机制，明确成员单位工作职责，严格执行市县两级 5 部门联审；推动废弃矿山生态修复工作，编制历史遗留废弃矿山“一矿一策”方案设计，推进历史遗留废弃矿山生态修复项目实施。二是建立监管平台。九江市建成固体废物监管平台，完成 5 家试点单位智能终端设备装配。三是加强危废监管，防范生态环境安全风险。充分利用科技信息技术，对危废运输车辆监控全覆盖，实时对驾驶员全天候、全方位的监控，从源头上预防车辆行驶安全隐患，降低事故率；大力提升危险废物处置能力，持续完善危险废物收集网络。四是加强执法，实现整治常态化。严厉打击非法转移倾倒危险废物行为。

二、存在的主要问题

（一）从收集转运来看：回收网络不够完善

一是回收网点建设滞后。废旧物资回收以社会化个体回收为主，行业小、散、差的特点明显，具有一定规模的企业数量及回收量占比较低。大多数个体回收站临时租赁不敢投入，尚未形成标准化、规范化的运作流程，少数回收点“污、散、乱”存在一定的环保及消防隐患。二是专业化回收水平不高。社区居民及收运人员垃圾分类意识不强，废旧物资回收体系与生活垃圾分类体系“两网融合”建设滞后，全链条的分类、收运处理体系未完全建立。三是分拣中心数量不足。例如，吉安市已建成绿色分拣中心、泰和县再生资源绿色分拣交易中心、新干县再生资源分拣中心，全市分拣中心数量不足，难以满足废旧物资循环利用体系建设需求。

（二）从回收利用看：产业发展水平不高

一是龙头企业偏少，多数企业处在价值链的中低端。例如，吉安市注册再生资源加工利用企业 135 家，但是龙头企业偏少，仅有源丰、生力源、有源等少数几家企业。又如，南昌市仅有南昌县铃端再生资源开发有限公司、进贤县金属回收公司、新建区江西中再生环保产业有限公司、经开区金迪再生资源发展有限公司等少数几家利用废铁、废铜等资源，总回收量占全市半数以上，主要集中在产业链前端，以粗加工为主。二是废旧纺织品、玻璃等低值可回收物的盈利模式仍待健全。废旧纺织品、废弃餐盒、低值废玻璃为代表的低值可回收物回收利用渠道始终存在堵点和障碍，市场化导致“利大抢收、利小少收、无利不收”的窘境，加上回收与分类脱节，大量个体只对高值废旧物资回收，废旧玻璃、废塑料、旧衣服和旧鞋子等低值可回收物无人问津。例如，南昌市虽已出台《低附加值可回收物回收处理补贴试行办法》，但从各县区政策执行和兑现情况来看，具体实施效果有待进一步实践探索和论证。三是企业技术水平不高，创新力度有待进一步加强。多数企业属于一般加工制造企业，企业的创新意识不强、积极性不足，多数企业处于无专利、无研发状况，产品单一、产品附加值不高。根据工业和信息化部发布的《符合环保装备制造业规范条件企业名单》，江西共有 8 家企业上榜，在中部地区仅高于山西（2 家），与安徽（39 家）差距较大。又如，吉安市钛石膏的处理与运用是必须解决的问题，而目前企业仍然选择填埋处理的传统方式。

（三）从重点项目来看：建设面临用地、资金等要素制约

一是用地选址困难。例如，泰和县赣中南低碳经济产业园项目（赣中南报废机动车拆解、再生资源绿色分拣交易中心），涉及用地约 70 亩，目前已确定选址，由于泰和县森林资源管理“一张图”与国土“三调”成果尚未融合衔接，导致用地审批较为滞后，影响项目推进。又如，西湖区再生资源分拣转运中心，现因市动物园二期项目启动，即将需要拆迁，但因运营土地无法得到保障，新选址地点无法确定，面临停运风险。此外，南昌市各县区均存在因土地问题导致再生资源分拣转运中心项目难以落地的问题。二是资金筹集困难。“无废细胞”创建、秸秆综合利用项目、畜禽粪污综合治理、信息网络平台建设都需要大量资金支持，地方财政资金支持力度有限，创建主体参加意愿不强，较难形成规模示范效应。大中型现代化分拣中心资金投入大，运行周期受政策、土地、手续等不确定因素影响，社会资本投资存在风险较大问题，有待给予资金等政策支持。三是部门间协作机制尚不完善。再生资源回收行业管理涉及多部门，如废弃家电拆解涉及环保部门审批，而行业龙头企业均属于工业企业，由工业和信息化部负责指导，另外还涵盖城管、市场监管等执法部门，管理职能的交叉，部门间监管信息未实现有效互联互通，尚未形成高效协同的监管合力，让再生资源回收行业在管理指导上更具复杂性。

（四）从接受程度来看：再生产品接受程度较低

一是部分地区仍将再生资源加工利用行业作为淘汰落后产能加以限制。虽然国家对于资源回收利用产业高度重视，但仍然存在部分地区以加快淘汰低效落后产能的名义，以落实环保、安全、技术、能耗、效益标准为依据，将再生橡胶、废旧塑料等再生资源企业组织实施分类转移、压减、整合、关停，限制了经营规范的再生资源企业发展。二是再生产品仍需进一步推广使用。由于社会对再生产品的认识和认可程度相对较低，即使再生产品有可靠的质量保障，但国内市场更倾向购买原生制品。此外，我国大众消费市场普遍追求物美价廉，而再生产品因为价格倒挂等因素，难以形成有效的市场竞争力，急需提高再生产品的市场接纳程度，扩大市场需求，实现从原生资源到再生资源，从原生产品到再生产品的整体更新换代。

（五）从支撑保障来看：政策部署亟待加强

一是行业税收问题没有得到彻底解决。自 2022 年《关于完善资源综合利用增值税政策的公告》发布以来，有企业反映该公告通过严格退税企业进项凭证管理从根本上杜绝了资源综合利用退税企业恶意拒绝供应商销售发票行为，但再生资源企业最为迫切的企业所得税税前扣除凭证问题没有得到彻底解决，主要原因是近年来再生资源行业平均利润率不足 3.5%，按照应税所得率 8%征收导致企业税负过重而无法执行，个

体工商户注册和带票销售的意愿不足。二是财政扶持力度有限，企业一定程度外迁。江西省在综合负税率、企业财税奖扶、物流补贴等方面配套优惠政策，与安徽、湖北、山东、河南等省份相比有一定差距，导致江西省再生铜等废旧物资利用产能向周边省份转移，对鹰潭、上饶、丰城等地影响较大。例如，丰城循环经济产业园 2022 年再生资源加工企业税收同比减收 9.32 亿元，下降幅度达 26.9%；其中恒吉集团几乎处于停产状态，税收同比减收 5.7 亿元，下降幅度达 81%。三是行业相关政策细则缺乏指导性。江西省相继出台废旧物资再生利用相关法律法规和政策指导文件，为废旧物资循环利用指明方向和提供政策支持，但还存在部分缺少具体的操作实施细则，尚不能对回收、加工、再利用形成稳定的、针对性的政策指导。另外，对废旧物资的界定缺乏统一标准，有关回收主体责任、拆解利用规范、无害化处理标准等规定和细则还不够完善，在一定程度上影响废旧物资的循环利用。

三、展望与对策建议

以习近平新时代中国特色社会主义思想为指导，立足新发展阶段，完整、准确、全面贯彻新发展理念，以提高废旧物资循环利用率为目标，着力打通回收、交易流通、精细分拣、综合利用等关键环节堵点、痛点，强化全链条管理，完善标准体系，加强行业监管，推动形成政府引导、市场化运作、全社会广泛参与的废旧物资循环利用体系。

（一）一系列提振经济的相关政策将会逐步发力，将推动行业转型升级和高质量发展

2023 年 7 月 18 日，商务部等 13 部门印发《关于促进家居消费若干措施的通知》，提出要完善废旧物资回收网络，统筹现有资金渠道，加强对废旧物资循环利用体系建设重点项目支持。随着国家发展改革委推动废旧物资循环利用建设方案进入实施阶段，部分重点城市的回收网点、绿色分拣中心等体系建设结果将会逐步显现。中国再生资源回收利用协会报告显示，2023 年上半年，再生资源行业生产经营总体平稳，主要再生资源品种市场价格总体呈下跌趋势，企业经营还面临一些困难和挑战。2023 年下半年在一系列政策的推动下，再制造产业与制造业深度融合，汽车、工程机械、机床、电子产品等领域开展再制造试点示范，废钢、废有色金属、废塑料等主要品种再生资源期待需求复苏，二手商品及再制造产品的流通和使用将成未来发展的重点领域，带动再生资源行业提升回收网络建设、加工利用效率和质量。

（二）健全行业法规标准，逐步规范行业发展

加强再生资源回收行业法规建设，进一步明确生产者、销售者和消费者的责任。加快落实《再生资源回收管理办法》，构建国家标准、行业标准和地方标准协调统一，强制性标准、推荐性标准相互补充的回收标准体系，鼓励发展团体标准、企业标准。加快出台《废纸回收利用碳排放核算指南》《废钢铁回收利用碳排放核算指南》《废玻璃回收利用碳排放核算指南》《报废机动车回收拆解企业碳排放计量计算标准》等系列团体标准，为再生资源主要品种回收利用实现碳减排提供量化支撑。

（三）建立多元回收网络体系，提高综合分拣能力

一是织密回收网络。按照“方便居民、充分利用、合理布局”的原则，结合城市“一刻钟便民生活圈”建设试点工作，借鉴北京、上海、天津、郑州、兰州等地主城区建立的“六统一”（统一标识、统一服饰、统一培训、统一价格、统一计量器具、统一管理）标准进行回收站点标准化建设。学鉴广州市供销合作社系统与城管等部门合作“两网融合”的“环卫回收”、与属地管理相结合的社区回收、与物业管理相结合的小区回收、“互联网+”的“穗回收”等模式，对现有收运网点进行内部规范化设置，制度上墙，接受行业及社会双重监督，以专业、贴心的服务打造“老百姓家门口的回收站”。二是数字赋能创新“互联网+”回收新模式。借助区块链信息化技术提升回收系统的规范化管理与现代化运营水平。通过废旧物资回收、绿色分拣综合监管、物流管理等场景化展示，直观呈现辖区内回收网点分布和所有收运数据以及当日公共机构和居民家庭废旧物资的回收情况，为城管综合执法部门提供信息参考。三是集约化发展产业园区。再生资源产业园区是再生资源领域转变发展方式的中心环节和战略抉择，是推动循环经济走向实质性建设阶段极为有效的现实路径。聚焦招大引强，紧盯产业链空白环节、薄弱环节以及重点区域，精准招引一批技术含量高的龙头企业，推动产业往高端走。依托现有“城市矿产”示范基地、资源循环利用基地、工业资源综合利用基地，统筹规划布局再生资源加工利用基地和区域交易中心，推动再生资源规模化、规范化、清洁化利用。

（四）制定激励政策，激发市场活力

一要出台促进产业发展的专门扶持政策。通过对《江西省节能环保产业高质量跨越式发展行动方案（2019—2023）》实施情况进行总结评估，针对废玻璃、废节能灯、农业包装废弃物等社会公益性固体废物回收处置项目，结合新形势出台节能环保产业专项扶持政策，制定减税降费、金融支持、包容审慎监管、用地保障等优惠政策。完善政府强制采购和优先采购制度，提高节能环保装备、产品政府采购比例，激发绿色消费市场活力。二要加大科技扶持力度。借助省重点实验室优化重组之机，在节能环

保领域重组一批省重点实验室，布局一批综合类省技术创新中心。推进科技创新联合体建设，鼓励上下游企业及科研机构、高校联合开展研究，逐步完善“产—学—研”有机结合的产业推进机制。支持以企业为主体提出重大科技需求和项目建议，加大对企业技术创新政策奖补力度。三要促进二手商品交易和再制造产业规范化和品牌化。从建立健全二手商品交易规则、完善二手商品鉴定、评估、分级等标准体系，加快人才培育和知识产权保护等方面对废旧物资循环利用加强监管，维护正当权益，确保规范发展。支持线下实体二手市场规范建设，鼓励建设集中的“跳蚤市场”、交易专区、交易市场，鼓励社区寄卖、交易等，促进家庭、校园闲置物品交易和流通。

（五）拓展融资渠道，保障资金需求

一要加大财政支持，推进再生资源利用等细分产业发展。将再生资源利用等产业纳入江西省战略性产业予以扶持，采取“一事一议”等方式予以产业一定的财力补助支持。研究并落实促进节能产业发展的价格和收费政策，全面落实已出台的税收减免、制造业留抵退税等优惠政策，切实降低企业经营成本。二要畅通投融资渠道，强化产业的金融支持。将“无废城市”试点建设与生态文明城市、生态园林城市、绿色矿山、美丽乡村等创建活动衔接，实施绿色信贷、绿色债券对“无废城市”建设重点工程定向支持，将“无废城市”建设项目列入中央专项资金优先支持范围。探索设立“双碳”产业发展扶持专项资金，撬动社会资金参与，形成政府引导、企业为主、市场运作的资金投入保障机制。引导金融机构针对节能环保产业，创新担保增信模式，丰富金融产品，提供差异化金融服务，支持中小微企业发展。同时，鼓励企业通过绿色债券、资产证券化等手段，拓宽融资渠道。

（六）加大宣传引导，强化典型引领

一要抓好试点任务实施，对标对表补短板。一方面，各地各责任部门要按照“十四五”时期“无废城市”建设方案、废旧物资循环利用建设方案总体要求，对照工作进度图，坚持问题导向，聚焦解决难点、堵点、痛点问题，以任务推进和项目实施为抓手，以 2025 年各项目标值为落脚点，扎实推动各领域重点任务取得实效。另一方面，要对照即将出台的国家“无废城市”建设成效评估指标要求补短板，加强生活垃圾分类、固废综合信息化系统、群众知晓率等方面的建设，确保成效评估“不退出”的底线。二要有效推进全民参与。群众参与“无废城市”建设是“无废城市”建设考核的重要指标之一。要加大宣传教育力度，坚持“以企事业单位为突破点、以社区小区为主攻点、以经营场所为着力点、以公共场所为宣播点、以发动群众为根本点”，推行垃圾分类与再生资源“两网融合”典型示范，多途径、多渠道、多层次构建立体式宣传体系，营造浓厚“无废”文化氛围，增强群众对“无废城市”的知晓率。按推动相关产业链向下扎根，引导群众环保意识向上生长，形成互相协调促进的良性循环的

理念宣传“无废城市”建设。三要积极推进无废细胞建设。以无废细胞建设为抓手，按照“先行建成一批、辐射带动一批”的方式，打造出一批示范样板，力争在全国“无废城市”建设中走在前列。四要高水平推典型。要重点围绕经济社会发展的重点领域深入调研（如电子信息产业、矿业经济等），既要做好“点”的宣传，更好注重“链”的推介。对拟推介的典型不能仅简单的罗列表象，要算清新增价值、“三化”提升率、节能效果、减排数据等热点指标，形成一批可靠的、可复制、可推广的“江西经验”。

城镇低值废弃物资源化回收利用对策建议

当前，废塑料餐盒、废旧纺织品等低值废弃物回收利用成本高、效益差、回收率低，成为废旧物资循环利用体系建设的“薄弱”环节。加快探索建立完善的低值废弃物回收利用体系，完善运行模式、健全长效机制，提高其回收利用率，对建设资源节约型、环境友好型社会具有重要意义，是建设生态文明和实现“双碳”目标的重要支撑。近期在深入基层、企业调研的基础上，课题组对江西省城镇低值废弃物资源化回收利用、促进绿色低碳循环发展方面，进行深入研究思考，形成本研究报告。

一、低值废弃物概述

所谓低值废弃物又称低值可回收物，主要是指在生产生活过程中产生的具有一定的回收利用价值，但单纯依靠市场自发力量难以进行有效回收利用的可回收物，如低值塑料包装、废玻璃、废旧纺织品、饮料纸基复合包装等生活中常见的各类废弃物。

低值废弃物，从物质角度看具有垃圾和资源双重属性；从产生来源看具有分散性和多样性特征。具体如下：

（一）具有一定回收利用价值

低值废弃物属于可回收物范畴，从经济性上看，具有一定的回收利用价值。通过对低值废弃物进行回收、分选、加工后，可以生产出再生塑料、再生玻璃制品、再生纸等工业原材料，并重新用于工业生产，从而减少原生资源消耗，节约资源的同时减少二氧化碳和其他污染物排放，具有一定的经济价值和较好的资源环境价值。

（二）回收利用的经济性较差

低值废弃物在前期分类收集时往往会与其他生活垃圾混在一起，尤其是低值包装物，大多被食物残渣等有机废弃物污染，需要进行分类收集、集中规模化处理后才能进行再生利用，导致低值废弃物的分类回收和运输既费时又费钱。因此，大量低值废弃物被混入其他垃圾进行焚烧或填埋处置。

（三）产生极其分散不易回收

低值废弃物种类繁多、形状各异、成分复杂，且有许多是复合材料，如饮料纸基复合包装是纸、塑料、铝等多种材料复合产品。低值废弃物产生非常分散，如低值塑料包装、废玻璃、废旧纺织品、大件垃圾等，随人们的日常生活逐渐产生，多分散在居民社区和街道乡镇；废弃农药化肥包装和地膜则分散于田间地头，产生更为分散，很难进行集中规模化收集和处置利用。

二、江西省低值废弃物回收利用现状及问题分析

当前，高值废弃物由于回收利用价值较高，能产生可观的经济效益，已形成较为成熟的回收利用产业体系。相比之下，废玻璃、废弃餐盒、废旧纺织品等低附加值废弃物产生的利润不高，不具有显著的经济性，回收企业对废弃物的回收主要集中在价值较高的废金属等品类上，造成了低值废弃物的回收率普遍偏低的现象。

尽管政府、企业已经有所行动，如2023年出台《南昌市低附加值可回收物回收处理补贴试行办法》等系列政策文件，华赣环境集团、江西绿菱环保科技有限公司等行业龙头企业也在积极布局，但整体上，全省低值废弃物回收利用效果并不明显，总结主要原因有以下四点：

（一）政策端：低值废弃物回收利用政策制度体系不完善

当前，我国低值废弃物管理存在标准不统一、政策工具单一的问题，江西省在相关制度建设方面亟待加强。全国已有18个城市出台了低值废弃物有关目录或专门管理办法，而江西尚未制定省级分类目录，导致各地执行标准存在差异，影响居民分类投放的准确率。财政支持方面，2023年江西省再生资源补贴规模不足行业产值的1%，显著低于浙江、广东等省份3%-5%的水平，且缺乏与碳减排挂钩的激励政策，难以吸引企业参与。用地保障层面，部分回收站点存在用地性质违规问题，由于缺少明确的用地规划标准，企业获取合法用地手续难度较大，制约着规模化回收体系的建设。

（二）回收端：垃圾分类回收体系对低值废弃物覆盖不足

低值废弃物源头分类投放效果不理想，低值可回收物尚未全面纳入分类体系。以

南昌市为例，居民分类投放准确率有待提升，废玻璃、废旧纺织品等低值品类常与其他垃圾混投。回收主体呈现“散、小、乱”特征，个体经营者承担主要回收量，规范化企业参与度较低。环卫收运系统与再生资源市场协同不足，部分已分类低值废弃物因收运体系衔接不畅被直接焚烧，造成“前端分类、末端混合”的无效循环。

（三）处置端：集中分选设施建设滞后制约处理效能提升

目前，江西省低值废弃物集中分选设施建设仍处于起步阶段，尚未建成规模化分选中心网络，现有设施多集中于高值废弃物处理，而对废塑料、废玻璃等低值品类的分选能力严重不足。分选设施普遍依赖人工分拣，智能化设备（如光学分选、AI 识别）在江西回收企业中应用较少，塑料类分选纯度与国际先进水平存在显著差距。商务部门主导的再生资源回收系统与环卫部门管理的生活垃圾处理系统缺乏衔接，导致低值废弃物回收覆盖率不足。例如，废泡沫、复合包装等品类的回收率不足高值品类的 1/3。

（四）利用端：低值废弃物资源化利用产业生态尚未成型

江西省低值废弃物资源化利用仍面临成本与价值倒挂的挑战。以废玻璃为例，回收成本普遍高于销售价格，企业普遍面临亏损压力，仅少数规模化企业通过政府补贴维持运营。技术装备水平亟待提升，全省超 80%再生资源企业为小微企业，年处理量不足 1 万吨，废塑料加工以初级破碎为主（占比超 70%），高值化改性造粒产能不足 30%。产业布局分散，除丰城循环经济产业园等少数集聚区外，多数企业单打独斗，产业链上下游协同不足，如废纺织品等品类本地深加工能力薄弱，大量再生材料需外运至长三角二次加工，尚未形成“回收—分拣—深加工—终端应用”的全链条协同。

三、国内外低值废弃物资源化回收利用经验

随着“垃圾围城”引发的环境问题的日益严重，减污降碳、垃圾分类、资源节约循环利用的要求越来越高，国内外也越来越重视低值废弃物的资源化回收利用。

（一）国际经验

发达国家和地区通过构建并高效运行废弃物分类-回收资源化利用体系，推进垃圾可持续管理。从经济角度看，构建政府主导、市场运作、社会参与的垃圾分类收运处置体系是关键。

一是立法强调垃圾产生者的责任，尤其强调居民的分类回收责任。发达国家具有完善的废弃物管理法律法规体系，通过法律明确垃圾分类处置的责任主体是垃圾产生者，同时通过立法清晰界定相关方的权、责、利，从而形成制衡的监督机制。

二是立法建立生产者责任延伸制度（Extended Producer Responsibility，EPR）。在明确生产企业、销售部门、居民等相关方对废弃物回收处置的责任与义务的同时，为废弃物的回收再利用提供资金保障。如法国明确规定消费者有义务将废弃的包装物主动交给生产商或者零售商回收处理；美国、英国立法中则强调各责任主体的回收处置责任。

三是立法确立低值废弃物“源头减量优先”原则，构建可持续管理理念。通过设置“垃圾处理费”“填埋税”等措施，激励相关主体全过程减量，最终实现以源头减量为前提的低值废弃物回收再利用。如美国的城市垃圾管理模式，首先是控制垃圾源头，从产品设计、生产、购买和使用环节着手，降低垃圾产量或毒性；其次，美国社区垃圾采取从量计费，通过经济手段来减少垃圾的产生量。

四是依赖良好的市场环境，以市场化运作模式促进垃圾产业化发展。在日本、韩国等地，垃圾的回收再利用以及处理处置也越来越多地采用市场化运作，政府负责从旁监督，但在垃圾的收集运输上，普遍还是由政府下属的环保作业单位来进行操作，政府对其负有直接责任。

可见，发达国家和地区有关废弃物管理法规政策制度的功能体现在以下两个方面：一方面，通过制度创新修复价值链，保障低值废弃物回收再利用的资金支持；另一方面，通过制度的有效实施发挥市场机制的作用，吸引市场主体参与，搭建低值废弃物回收资源化利用模式。

（二）国内经验

北京、上海、广州、深圳等发达城市都开展了低值废弃物回收再利用方面的经验探索。例如，北京市正以“1 网+N 园”为载体，以“收—运—处”为一体的“京环模式”，将废旧材料、建筑垃圾、园林垃圾等固体废弃物收运网整合成“1 网”，实现“多网合一”，同时将零散的固体废弃物处理设施整合形成“N 园”，即若干个固体废弃物处理循环综合园区，实现使城区内各类固体废弃物的“集中收共用”和“分类协同处置”。上海市推行以定期定点回收为主，预约上门服务为辅的低值可回收物品上门回收模式。广州市越秀区城管部门在辖区内设置了多个低值可回收物的交投点和中转站，由环卫工人负责分类收集低值可回收物，城管车队统一免费运输，第三方企业定期收购。深圳市则采取“本市收集，外地处置”的低值可回收物管理模式，即以城市生活垃圾收集站为“源头”，以大中小分类站为中转，分类发往外市的再加工利用企业进行集中处置。

这些地区建立的回收利用体系对低值废弃物的回收利用产生了较好的效果，但是也不同程度地存在部门协助不完善、缺乏可持续运营骨干企业、“两网融合”不彻底等问题。同时，这些地区经济实力雄厚，拥有强有力的财政支持，形成了较为庞大繁复的回收体系，且低值废弃物的产生量远超江西省各地市，并不适用于在江西省各地市推广。通过调查比较，我们发现厦门市的低值可回收的利用模式投入相对较少、可操作性强，是我们可借鉴的经验之一。

1. 厦门市低值可回收物回收利用模式分析

从整体链条来看，在前端上，制定标准，分类投放。厦门市政府发布《全市生活垃圾低附加值可回收物指导目录》，根据目录开展居民端教育行动，引导居民分类投放垃圾。在中端上，分类运输，数据统计。环卫企业采取定时、定点、定线与预约的模式，将低值可回收物收集转运至分拣中心，回收利用企业对所承接的低值可回收物进行分类、统计。在末端上，专业分选、再生利用。低值可回收物分拣中心对环卫企业收运的混合低值可回收物自动分选成 15 个品类，厦门市的国家资源循环利用基地对可回收物进行资源化再生利用。

从运行机制来看，形成“分类—收运—分选—再生”的模式。在分类上，居民将低值可回收物投放至蓝桶，由督导员进行监督。在收运上，环卫工人采用“定点收集、桶车对接、公交化运输”模式负责收运。在分选上，由分选中心进行智能化分选、自动化分选，城建陆海环保科技有限公司进行运营，政府给予处置补贴。在再生上，资源再生处理中心进行公司化运营，再生成颗粒原料、制品等。

从主体行为来看，政府负责顶层设计和监督：推动“两网融合”；建立常态化监督机制；出台目录及标准；落实生活垃圾分类管理责任人机制；提供财政及用地支持。企业负责专业化、高效化市场运作：促进分选、再生等相关技术创新；协助政府开展宣教工作；负责社区回收点的规划设计；为主管部门提供考评的数据支持。居民负责高度认可和配合：主动提高环保意识；响应低值可回收物回收倡议。

2. 厦门市低值可回收物回收利用模式的成效

厦门市已建成海沧低值可回收物分选中心，分选能力为 45 吨，现代化分选中心运用“AI 智能超精分选”技术，可高效精准细分纸、塑料、纺织等可回收固体废弃物。从厦门市低值可回收物分选中心统计数据来看，在材质上，在低值回收物中占比最多的是塑料（62%），其后依次是垃圾（26%）、纸类（10%）、金类（2%）。

在数量上，2020~2022 年厦门市低值可回收物回收总量为 3176 吨（2020 年 1032 吨，2021 年 1064 吨，2022 年 1079 吨），其中可回收物量为 2339 吨（2020 年 751 吨，2021 年 786 吨，2022 年 802 吨），回收率上升，说明厦门市居民投放准确率较高，源头宣教和督导实行效果较好。另外，国家资源循环利用基地可实现纸塑分离、废塑料分拣、分选、分色及塑料挤塑加工，年处理低值可回收物约 10 万吨。

3. 厦门模式值得借鉴的典型经验做法

厦门模式成功的核心在于“有为政府+有效市场”。“有为政府”搭建起健全的低值可回收物体系，发布低值可回收物指导目录，出台低值可回收物收运、处理补贴办法，在前端推动垃圾分类处理，做好居民分类意识宣传教育，推进“两网融合”，并由环卫公司将低值可回收物进行统一收运。“有效市场”协同政府构建低值可回收物回收体系，依托自主开发的技术和工艺，将生活垃圾中大量低值可回收物从其他垃圾中分类分选出来，实现高质高值的资源化利用，构建出“回收—分拣—资源化—高质高值化”的回收模式。

四、关于在全省建设完善低值废弃物回收利用体系的对策建议

总体思路：深化国家生态文明试验区建设，打造生态文明建设高地，加快建立完善的低值废弃物回收利用体系，以建设精细化、绿色化、智能化的大型分拣中心为抓手，搭建“分类—收运—分选—再生”的链条化运行和全过程监管机制，创新实施可回收包装物等环境押金制试点示范，不断拓展低值可回收物种类，推进再生资源产业体系建设，探索形成可复制、可推广的“江西经验”，促进全省绿色低碳循环发展，为推动实现碳达峰碳中和提供重要支撑。

（一）加强顶层设计，健全政策引导激励体系

要着力在省级层面通过法律法规、产业、财税、金融、标准认证等多种政策措施，补足低值废弃物循环利用体系建设的“短板”。一是制定发布低值废弃物指导目录和回收指南。适时出台江西省低值废弃物指导目录，明确低值废弃物的具体范围、包含品类等；制定并发布江西省低值废弃物回收利用具体操作性指南。二是完善相关产品标准和认证体系。制定完善低值废弃物再生利用产品标准，完善相关再生产品标识体系。三是建立健全激励机制。推动低值废弃物回收利用企业享受资源综合利用产品和劳务增值税优惠政策，加大增值税即征即退优惠力度，引导绿色信贷、绿色债券加大对相关企业的支持力度。

（二）创新回收措施，扩展低值废弃物的可回收品类

一是实施准入管理制度。对低值废弃物回收利用实施特许经营制度，鼓励回收利用一体化经营。二是探索实施环境押金制。在产品类型上先试点再推广，选择啤酒瓶、矿泉水瓶、纸基饮料包装盒等作为环境押金制品类试点，试点成熟后再逐一纳入其他回收品类，推动低值可回收包装物的“瓶到瓶”的同级利用。三是发挥基层市场监管

部门、居委会等主体的合力监管功能，督促各主体切实做好低值废弃物的源头收集和初步分类。

（三）强化分选设施建设，提高低值废弃物收运能力

一是推动城市环卫系统与再生资源系统融合，增加低值可回收物回收利用用地保障。将低值可回收物分拣中心建设纳入城市环境基础设施建设规划，鼓励结合生活垃圾处置设施集中布局、协同发展，可参照厦门低值可回收物分拣中心建设模式，政府委托相关企业负责收运，实施群众分类方法简单化，在前端、中端、末端搭建整体链条，形成“分类—收运—分选—再生”的全过程运行和监管机制。二是探索实施特许经营制。对低值废弃物分拣中心建设运营实施特许经营，推动行业集聚化、规模化发展。三是提升当前省内在建、待建的绿色分拣中心对低值可回收物的消纳能力，以及精细化、绿色化、智能化分拣能力，提高低值废弃物的分类和分选效率，降低人工分选成本。

（四）加强技术创新，完善回收再利用产业体系

一是加强技术装备创新，促进加工利用技术研发，将低值废弃物转化为高附加值的产品。二是强化经营模式创新。鼓励实施资源整合发展模式，建立多元主体合作平台，鼓励生活垃圾分类回收企业、低值废弃物回收企业、再生资源加工利用企业，充分发挥各自组织优势和技术优势，开展联合经营，提高低值废弃物回收利用体系的运行效率。三是构建清洁循环的产业体系。以丰城循环经济产业园、鹰潭贵溪铜产业园等国家级“城市矿产”示范基地为基础，布局一批再生资源产业集聚地，高标准建设国家级废旧物资循环利用体系示范城市，努力将江西省打造成中部六省资源循环利用产业中心。

江西省农业面源污染防治相关对策分析*

农业面源污染治理是农业生态环境建设的重点内容，是乡村生态振兴的重要任务之一。本文总结了江西省近年来在农业面源污染防治方面取得的成效，系统分析当前阶段农业面源污染的主要成因，并提出相关对策建议。

一、江西省农业面源污染现状

近年来，江西省全力推进国家生态文明试验区建设，奋力打造“部省共建”绿色有机农产品基地试点省，扎实有效落实五级“河长制”，以绿色生态农业十大行动等为抓手，不断创新农业经营模式，大力开展生态环境专项整治，率先在全国实施全流域生态补偿，农业面源污染趋势得到了有效遏制。

（一）生态治理政策体系建设不断完善

制定出台了江西省第一部农业环境保护地方性法规——《江西省农业生态环境保护条例》，以及以《江西省“十四五”农业农村现代化规划》《江西省“十四五”种植业发展规划》等为统领的系列政策法规。

（二）实现了农药、化肥零增长目标

据统计，2015~2021 年，江西省农用化肥折纯量从 143.58 万吨减少到 108.59 万吨，减少了 24.4%，相当于减少二氧化碳温室气体排放 250 万吨。

---

* 本文已发表于《农业科学》2024 年第 5 期，收录本报告中略有改动。

（三）畜禽养殖污染区域得到了有效控制

江西省111个需要划定畜禽养殖禁养区的县（市、区，含开发区），全部完成禁养区划定，共划定禁养区1.45万个、禁养区面积5.12万平方千米。

（四）农作物秸秆综合利用率不断提升

2022年全省秸秆综合利用率达到95.45%，高出全国平均约8个百分点。全省培育秸秆收储利用企业500余家，建成秸秆收储中心190余个，整体秸秆产业年产值近百亿元。

二、江西省农业面源污染主要原因

《2022年江西省生态环境状况公报》显示，江西省地表水水质优良率达到了93.6%，主要河流水质优良率达到99%，但农业面源污染物仍是造成江西省江河湖泊的主要污染源。例如，鄱阳湖、仙女湖、新妙湖水质轻度污染，主要污染物为总磷；赣江主要污染物为氨气、总磷和化学需氧量；信江、修河、袁河主要污染物为氨氮和五日生化需氧量。根据调研，影响江西省面源污染存在的问题及原因主要有以下四个方面：

（一）农作物病虫害病症交叉不断，防治任务重，绿色防控技术落实难

江西是农作物病虫害常发区、重发区，农作物夏种指数高，病虫害种类多，发生代次高，防治次数多，防治面积大，常年病虫害面积超过2亿亩次。在财政支持农药减量方面，仅有中央农业减灾（病虫防治）资金支持，且资金量小。特别是绿色防控替代化学农药的推广应用，由于缺乏政策扶持进展缓慢。

（二）农药化肥使用存在“一炮轰”现象，有效利用率不足，破坏了土壤“免疫力”，影响了生态自然修复

江西省农药化肥使用虽然处于逐年下降态势，但由于缺乏科学有效使用方法，农药（除草剂）利用率为40.85%左右，化肥利用率仅30%左右，低于全国化肥平均利用率35%的水平。随着各地农业产业的集约化不断推进，农业生产重化肥轻有机肥问题突出，耕地基础力下降。水稻和经济作物（蔬、果、茶等）中大量使用农药（除草剂）化肥，给农产品造成严重的安全隐患，残余农药化肥以大气沉降和雨水冲刷形式进入受纳水体和土壤，破坏了生物多样性和水体生物生态链，造成水体、土壤结构吸

附降解污染物和自然修复能力变弱，自然生态失去平衡。

（三）畜禽标准化规模化水平不高，废弃物处理和利用有待提升

根据2017年农业部办公厅公布的全国畜禽养殖标准化示范场企业名单，564家企业中江西省只有18家企业，排名第13位，不到山东省的1/3。从调研情况看，江西省有养猪场521185家（其中，年出栏1~499头猪场510063家，年出栏500~9999头猪场10808家，年出栏10000头以上猪场314家），生猪出栏量3180万头，养殖废弃物利用设施装备配套率为89%，畜禽养殖废弃物综合利用率为87.8%。由于畜禽养殖准入门槛低和污染治理投资与运行费用高等原因，大部分养殖场废弃物配套处理设施简陋或设施利用率不高，难以消化所产生的污染物。2021~2023年部分省份畜禽养殖标准化示范场比较如表1所示。

表1　2021~2023年部分省份畜禽养殖标准化示范场比较　　单位：家

省份	江西省	山东省	河南省	湖南省	湖北省
数量	27	47	35	33	26

（四）农文旅融合发展迅猛，点多面散，生活污水处理设施建设与运行机制滞后

截至2022年底，江西建成农村生活污水处理设施约7500座，农村生活污水治理率不到30%，江西省仍有70%以上的行政村未对生活污水进行处理，有32%的行政村未对生活垃圾进行处理。特别是随着乡村旅游产业快速发展，以休闲观光、养生、采摘为主题的乡村酒店、乡村民宿、汽车旅游营地等特色业态已成为市民旅游的爆发点。由于乡村空间布局零乱，点小面散距离远，规划难以到位，污水处理、环境监测等设施建设滞后且不配套，没有合理的污水排放管道，大部分生活污水都处于随意排放状态，形成了新的面源污染点和污染源，给生态环境保护造成了巨大的压力。

三、江西省面源污染治理建议

（一）强化普查规划和监管体系建设，系统推动江西省农业面源污染防治

一是绘制好生态系统保护和面源污染长期治理规划图。依据江西省区域特点和生

态功能定位，按山水林田湖草保护修复的思路，加快出台农业面源污染防治整体性、系统性工作方案和实施意见，健全农业面源污染综合防控规范标准和措施（如小、散、远养殖户畜禽粪便处理的技术方法、标准和环境评估等），确保农业面源污染防治工作在实施过程中有法可依、依法行政。二是建立健全良性生态环境污染协调监管机制。主要是成立省级层面农业面源防治领导机构，减少各部门的政策交叉和管理“冲突”。加快形成协同合作、监督有力的高效管理体系。

（二）建立推广“双水双绿”综合立体化种养循环生产模式，着力推进“主体小循环、园区中循环、县区大循环”

一是以生态效果和产业效益为“王”，打造新型的多层次循环农业生产系统。大力发展“高效农业和生态农业”，推广无公害种养生产模式，推动单一种养向种养结合转变，延伸种养产业链，增产增值；推广和发展立体农业，以节水节能为抓手，带动农作物秸秆、畜禽粪便等综合利用，形成低碳循环农业模式，增绿增效。例如，林（果）园养鸡，稻鸭共栖，鸭（鹅）—鱼—果—草、鱼—蛙—畜—禽以及“稻蛙”“稻虾”“稻鱼”等综合利用生产模式。二是以科技之手支撑生态循环农业发展。重点是大力推进现代信息技术融入病虫害防治和肥料统配统施服务，积极推广测土配方施肥、绿肥种植机械施肥、滴灌施肥、水肥一体等土肥技术和绿色防控技术，提高配方肥覆盖率和到田率，以及通过数字代码的唯一性、不可更改等特性，强化对农产品（畜禽产品）生产的实时监控。同时以技术转化为武器，完成从种养到废弃物利用——从“摇篮”到“坟墓”的全生命周期。

（三）构建微生物防控体系，以“物”降“物”、以“虫”治“虫”，着力推广微生物农药化肥技术

一是高起点、多层次确立利用微生物技术减少面源污染主导地位。根据大农业产业区域定位及功能，按照资源节约型、环境友好型生态农业标准，以“全域全规划、分区分明细”原则，高层推动，在全省范围内构建并形成与当地资源环境、生物多样性相适应的农林业、种养业发展以及病虫害防控和土地、生态环境修复等应用微生物技术减少农药化肥用量的社会氛围。二是有效利用科研院所成熟的病虫害生物综合防控、有机肥和绿肥技术。依托江西省农业高校和科研院所优势资源，利用物理方法、农药降解菌、现代生物技术和生物农药以及秸秆综合利用等，在全省范围内，加快推进病虫害绿色防控、生物防治、物理防治代替化学农药防治病虫害应用和有机肥、绿肥代替化学肥料综合利用，促进农业生产环境的有效改善和农业循环经济的进一步发展。

（四）坚持“减量”与“扩容”并重，加快推进标准化生产经营，多渠道、多举措促进生态修复

一是以标准化规模养殖为阵地，减少污染物的排放。重点是以标准化生产为核心，

转变畜牧业生产方式，以“高床发酵”带动生态养殖示范区，逐步形成畜禽养殖设施化、生产规范化、防疫制度化、粪污处理无害化和监管常态化大格局；合理划定水域“禁养区、限养区、可养区”，逐步降低江河、湖泊、水库等公共水域投饵养殖规模。二是以高标准基本农田建设为抓手，扩容农业生态降解污染物的能力。运用大循环思路，着力扩大农业生态自然修复的容纳量。重点是以农业、水利部门规划为主操刀手，持续开展高标准农田建设，打通农业种植水系管网，让水动起来、活起来，构建水体生物生态链，恢复农田系统的生物多样性和农田沟渠塘堰等农业湿地生态功能，增加微生物生态吸附化解污染物的活力和功能。

（五）秉承“西医动刀、中医调养”理念，以“激素”催化“要素”，引导优势区域发展优势产业，促进生态优势向经济优势转变

一是以“零容忍”态度来严抓共管，担当作为。一方面，进一步加大统筹区域种养规模和资源环境承载力度，严格落实畜禽养殖“三区”划定和地理标注规定，彻底搬迁禁养区和控制限养区内养殖场；另一方面，加快推进可养区生态化改造，减少农村散养和小型养殖场，引导养殖户转行转业。同时，强化对污染环境的农业种养项目后续的综合治理，防止“一撤了之，一禁了之”和“死灰复燃”。二是通过转变发展方式，调结构，养生态。按照“美丽中国江西样板”要求，以“绿色生态、高产高效、特色精品”为目标，立足当地绿色发展潜力和特色产业资源优势，优化产业布局，以区域生态优势带动产业转型，引进特色绿色产业和发展优势产业链，推进生态特色农业产业落地发展。同时，按照区域产业和生态标准要求，在内部环境脆弱区域和没有转型条件区域，调整种植业结构，对土地进行复耕或原生态修复。

（六）建立和完善市场化、多元化生态补偿和污染防治机制，营造良好的农业面源污染共治环境

一是设立农业面源污染防控专项基金，推动财政资金投入向农业农村领域倾斜。探索建立农业面源污染防治补偿机制，激励农民利用环境友好型农业技术和农业生产资料，在技术运用上对减量使用农药化肥的农业经营主体、推广测土配方施肥技术、增施有机肥技术、使用绿色防控产品、秸秆粉碎还田和离田利用给予补贴。二是推动形成多主体参与、多要素发力的污染防治新格局。出台相应的农业环境保护和农业生态建设投融资政策；以生态农业龙头企业为主导，重点扶持一批管理规范、装备精良、服务高效的企业，开展畜禽养殖污染治理、农作物秸秆利用、沼渣沼液综合利用、有机肥生产等经营服务；探索开展政府向有资质经营性服务组织购买服务机制和 PPP 模式创新试点，推动农业技术创新与农业面源污染防治攻坚重点任务和技术需求对接。

参考文献：

[1] 于新芹．安阳市农业面源污染综合防治现状及对策探讨［J］．中国农业文

摘—农业工程，2021，33（2）：16-19.

［2］姚文芹．农业面源污染防治现状及对策分析［J］．环境与发展，2020，32（9）：42-43.

［3］刘超逸．农业面源污染防治现状及对策［J］．江西农业，2019（14）：63-64.

［4］黎竹．农业面源污染防治现状及对策建议［J］．现代化农业，2019（6）：48-49.

［5］王莹．我国农业面源污染防治法律制度研究［D］．东北林业大学，2011.

［6］冯青郁，陈利顶，杨磊．APEX 模型在我国农业面源污染研究中的应用前景综述［J］．生态学报，2022，42（5）：1-14.

［7］张友中．农业面源污染成因及防治措施［J］．现代农业科技，2021（21）：170-171.